Takamasa Yosizaka＋Atelier U

吉阪隆正＋U研究室

Detail

From actual size to universe

ディテール —— 現寸から宇宙

写真｜北田英治
編著｜齊藤祐子
Photographed by Eiji Kitada
Edited by Yuko Saito

日仏会館／階段室、クスノキの無垢材を組み合わせた手摺、つかむ形、触れる形を現寸で考え、原寸図で表現した

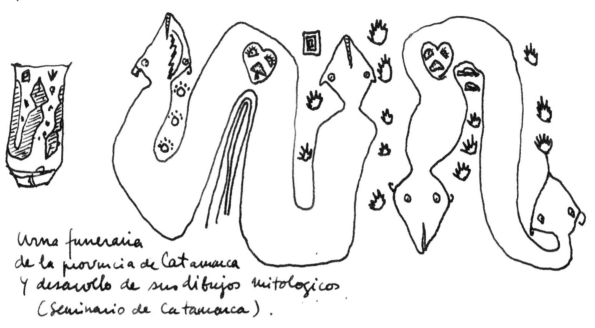

雨それ、雷電の神か.
Pachamama（母なる大地）

urna funeraria
de la provincia de Catamarca
y desarrollo de sus dibujos mitologicos
(Seminario de Catamarca).

アルゼンチン西北部インカ帝国の神話　『宇為火タチノオハナシ』1961年、挿絵の元になったスケッチ、1961年

大体子供を見ておりますと、赤ん坊なんかアーッてい
うだけで、もう通じちゃう。そのうちにだんだん知恵
が発達してくると、口先だけでいうようになる。大人
になればなるほど、口先だけで話す。口先だけでうま
いことやらないと、コミュニケーションがうまくいか
ない。腹ごとでいかないんですね。
そうすると、人づき合いというのは大変むずかしい。
その言葉が不自由であるために、よけい具合が悪い。
ここでまた人づき合いに対する敗北感みたいなものを
感じた。
そのときに何が通じるかというと、

物体は通じる。
造形は通じる。
これは黙っていてもいい。

吉阪隆正

「原風景をさぐる」
『住民時代──君は21世紀に何をしているか』1977年

目次

写真・構成｜北田英治
解説・キャプション｜齊藤祐子

凡例

図面名称
縮尺｜製作年月日｜製図者　＊サインのない図面｜素
材・技法｜大きさ［mm、縦×横］｜原図縮小率 ％｜所蔵
者：＊＊のほかは、文化庁国立近現代建築資料館所蔵
※サイズなど不明なものは「-」と表記

※各作品の番号は、創設年1954年を0として設計を始め
　た年と順番を示す、全作品につけられた作品番号。
　例：404日仏会館は1958年4番目に設計を始めた作
　品。例外として、101吉阪自邸は竣工年。
※作品解説文：記名なき文章の文責は、U研究室

外部と内部と部分　より

吉阪隆正

異質のぶつかり

　建築の設計は、いろいろな材料のとり合わせ、床、壁、天井など、各々の部位の組合わせだといってもいい。ところで物にはいつも意味がつながっていることを考えると、ごく物質的なものを扱う技術ではあるが、価値観の総合だともいえる。異なった価値のぶつかりは活気を生む。

　コンクリートはコンクリートらしい発言を、木材は木材らしい語りかけをする。壁がその場の話題をリードすることも、柱が主役を演じることもあろう。私たちが苦心するのは、それらに対話を成立させることだ。一つの劇に構成することだ。

　そこではスターだけがどんなに立派でも、成り立たない。継目の役をしている目地や幅木や縁飾りのちょっとした所作もおろそかにはできない。

　一つの建物という舞台の上での、それぞれの部分の貢献もさることながら、一つのまとまりをしめす建物はこれまた町中の一つの部分として町全体との対話をすることになる。そこへも配慮があり、ぶつかって和する。

テクスチュア

　一つ二つ三つと数えられる間は、私たちはそれを一つ一つ単位として認識している。例えば窓が二つ、出入り口が一つの住宅といった場合、窓とか出入口を一つのまとまりとしてとらえている。

　しかしその戸数が数百戸も重ねられた超高層のアパートの時には、もう窓の数を数える前に、その大きな壁面をかたまりとして、横縞にガラスの入った面とか、ポツポツと穴のあいている面とかとして捉える。これがテクスチュアだ。

　それは絹の肌触りとか、木目の面白さとかいったものにも使われる。その場合織りをなす糸の一つ一つが数えられなかったり、木材を構成する細胞の一つ一つをとらえず、全体として醸し出す内側に含む力を感じとるのである。

　もし、この頃よくある新建材のように、単にそれらしくプリントしたものだったら、見た目はよく似ていても、内からにじみ出す力は感じられない。それは別のテクスチュアなのだ。そのように表面を被覆する必要もときにはある。

　大きく広げていえば、町全体も一つのテクスチュアを持つといえる。空から見たニューヨークのマンハッタンと、東京の木造家屋群とは異なっている。山や森、田畑で構成される国土についてもいろいろなテクスチュアがある。

部分

　交響曲で言うなら、ここの問題は一つ一つの楽器の演奏の問題である。全体として曲にまとまらなくてはいけないのだが、それぞれのパートにも一つ一つ創造性は残されている。

　コンゴーの森の中で小人のバンブチ族が示した反応をここで思い出す。

　森の中のちょっとした広場が彼らの集まり場で、その中央には太鼓が据えられていた。誰かがこの太鼓でリズムをかなで始めたら、皆立ち上がって勝手に踊り出した。歌い出した。一人一人皆思いのままの体を動かし、好きな音程でメロディーを歌ったが、太鼓のリズムに合っていることで、その全体の抑揚は大きなまとまりを示していた。背景の森の暗がりの中で陽光を浴びて光る肌、森の中に谺する歌声は立派な芸術といってよかった。

　建築の各部分は、この小人たちのようでありたいと

私は考える。私と一緒に作業をしてくれているＵ研究室のスタッフたちもそう考えている。そこで創作は各部分を担当した人の個性も付け加えることになる。

そしてある一つの部分を誰かが提案すると、それは他のある部分を受け持っている人に反応して新しい創造を加えるというふうに響いていく。

その繰り返しは、いつも互いに調和や対立を生みつつ、それぞれ独自の展開を示して、時には全体の気分を180度転換させることも起きる。結果だけを突然見せられると驚くような姿になっていることもあるが、出発では堅実に機能や構造を組み立てておくから、しばらくするとそのよさがわかって貰える。

書には階書、行書、草書がある。そのみちを階─行─草とすすめるには、この部分どうしの創造の干渉が必要なのだ。そしてここではほとんどいつも現実の寸法で模索がおこなわれる。それは住まう人が肌でわかるところでもある。

『コンクリートの家』第4章1971年、『吉阪隆正集 4』再録

バンブチ族の集落

現寸から宇宙へ
―――ディテール

撮影：北田英治

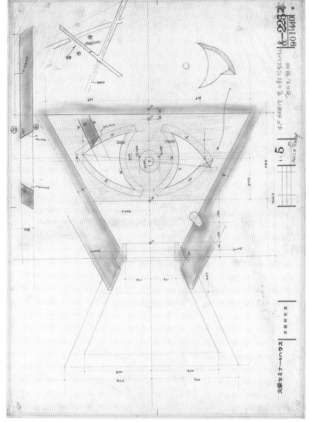

◀左頁　**大学セミナー・ハウス**／本館、杉板型枠の打放しコンクリートには触覚的な素材感がある
［下左］**ヴィラ・クゥクゥ**／コンクリートのジャンカを彫刻レリーフに表現した、土に近い手触りの外観
［下中］**ヴェネチア・ビエンナーレ日本館**／大理石の粉を混ぜた漆喰焼鏝仕上げの壁に影がゆらぐ
［下右］**海星学園**／埋込タイルの外壁

［右］**大学セミナー・ハウス**／本館、アプローチで来館者を迎える〈目のレリーフ〉
［左］**目のレリーフ　詳細図**　1:5｜1965年5月31日｜大竹康市｜トレーシングペーパー・鉛筆・
色鉛筆・インク｜A2［409×557］｜20%

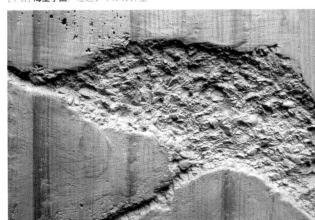

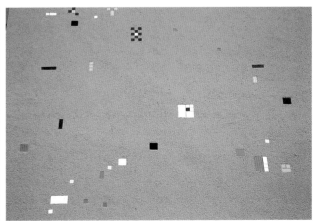

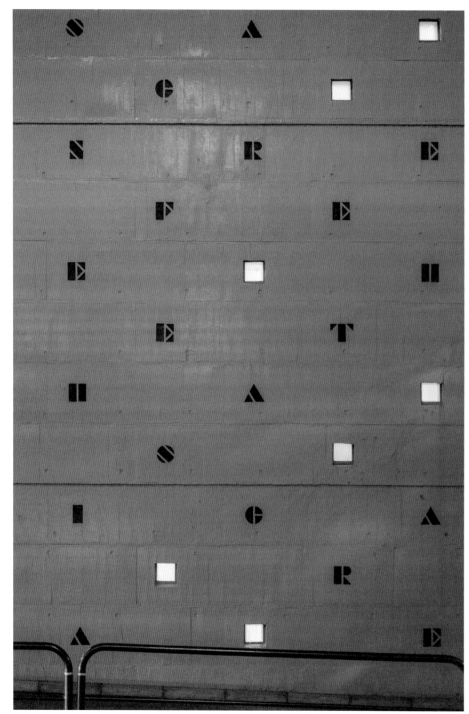

アテネ・フランセ／アルファベットのレリーフを刻んだ外壁はアンデスの夕陽の映える色

大学セミナー・ハウス／講堂エントランス、シンボルマークの木のレリーフ

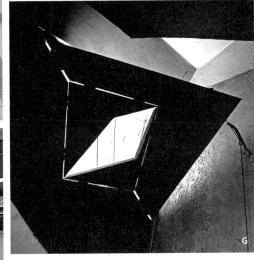

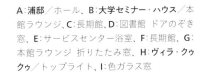

A：浦邸／ホール、B：大学セミナー・ハウス／本館ラウンジ、C：長期館、D：図書館 ドアのぞき窓、E：サービスセンター浴室、F：長期館、G：本館ラウンジ 折りたたみ窓、H：ヴィラ・クゥクゥ／トップライト、I：色ガラス窓

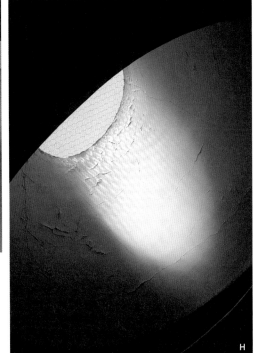

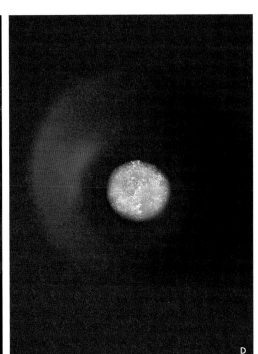

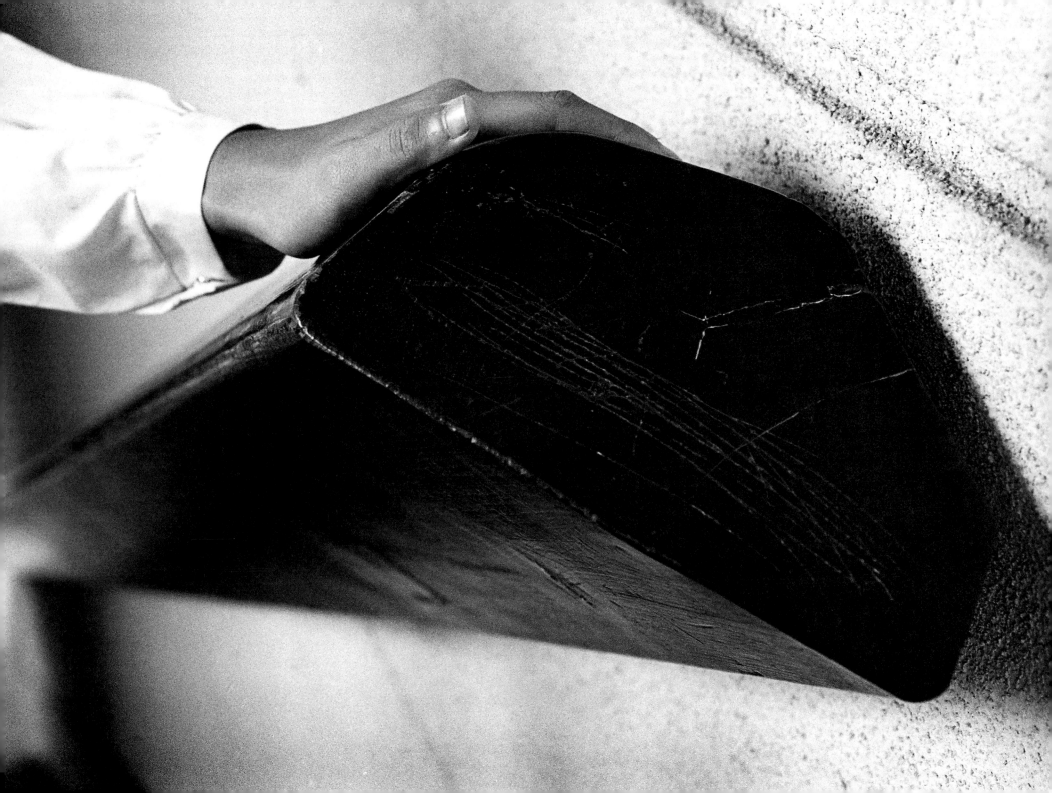

原寸図でさわる

◀左頁　呉羽中学校／階段には大きな断面の木の手摺
［右］**大学セミナー・ハウス**／講堂、真鍮丸鋼の渦巻把手
［下左］**浦邸**／キッチン収納扉の把手
［下右］**浦邸**／居間建具の木製把手と閂（かんぬき）

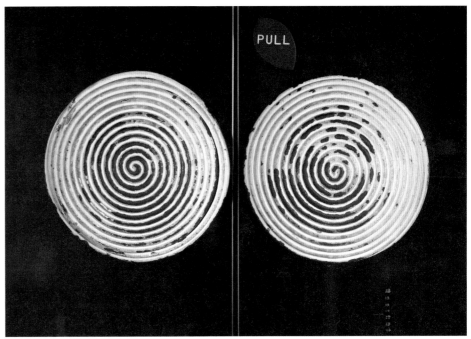

設計をしながら全体像を追求する場合、
全体と部分の関係は注意深く検討されなければならない。
触れるという意味はそのほとんどの場合が手で触れることを示すのだろうが、
心に触れるという言葉もあるように、
何か人間にとって大切な行為であり心理なのだろう。

触れることで人は多くを認識する。手・足・体等が触れる部分は、
全体像を人に伝える「物」として格好の手掛かりであるといえよう。

われわれが思わず現寸にかりたてられるのは、全体と部分の関係にとって、
そのあるべき姿は何かを見極めようとするからであって、またそうしながら、
みずから触ることによって、何かを認識しようとしているのかもしれない。

吉阪隆正
『ディテール』1973年

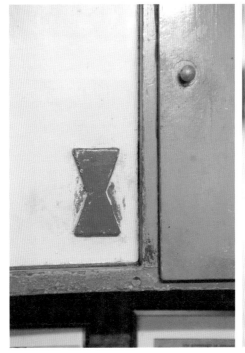

［上段左から］**江津市庁舎**／階段室、**三澤邸**／階段、**大学セミナー・ハウス**／本館食堂へのブリッジ、同／松下館の手摺、**三澤邸**／2階テラスへ、**樋口邸**／2階勝手口への階段

◀左頁 **大学セミナー・ハウス**／本館ラウンジから食堂への階段、スチールで組んだ梁、手摺と木製集成材の段板、手摺を有機的に組み合わせる

大学セミナー・ハウス 手摺 詳細図
1:5、25｜1965年6月1日｜-｜トレーシングペーパー・鉛筆・インク｜A2［408×555］｜24％

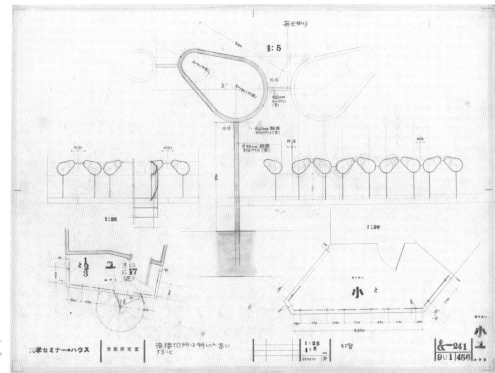

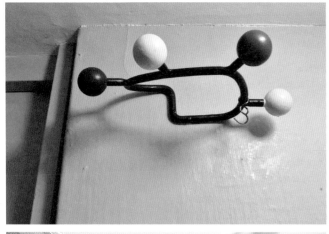

［上段左から］**ヴィラ・クゥクゥ**／コート掛け、**ヴェネチア・ビエンナーレ日本館**／展示室床の大理石手摺**、**大学セミナー・ハウス**／長期館外壁、**アテネ・フランセ**／階段手摺、**ヴェネチア・ビエンナーレ日本館**／エントランスの大理石手摺、**浦邸**／ホール、**ヴェネチア・ビエンナーレ日本館**／アプローチ、**ヴィラ・クゥクゥ**／玄関

16

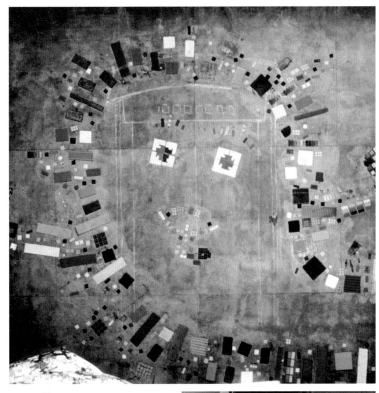

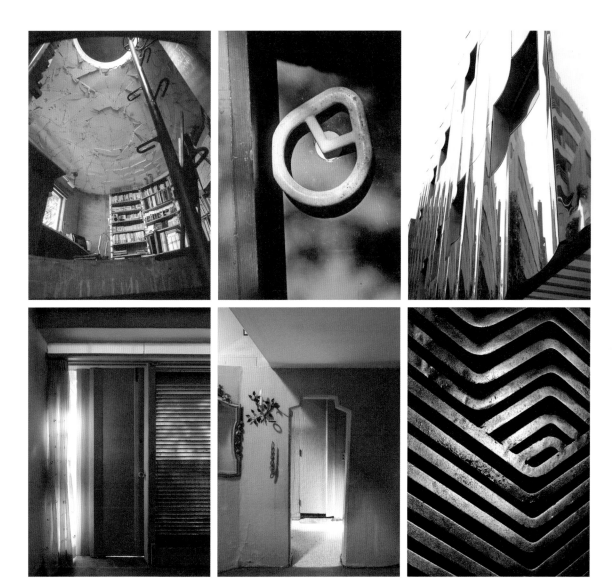

[上段左から] **三澤邸**／書斎天井は断熱材打ち込み模様、**大学セミナー・ハウ
ス**／中央セミナー館押手、**アテネ・フランセ**／ステンレス外壁の増築棟
[下段左から] **ヴィラ・クゥクゥ**／西側建具、同／小さく絞った壁の開口は水
まわりへのアプローチ、**大学セミナー・ハウス**／本館 グレーチング

吉阪自邸／書庫のタイルレリーフ、U研究室のUの
お化けを見本のタイルを打ち込んでセルフビルド
[下] **浦邸**／アプローチのコンクリートに家族で描い
たレリーフは、ル・コルビュジエの現場から引き継
いだ、木製の板に釘を打ち込んだ道具で描いた

［左］**日仏会館**／ホール階段室のコンクリートと手の触れる木製手摺
［上］個室の巾木には、FJタイル
［下］ホールの廊下には、連続したリズムのモルタル巾木

アルミの把手はイタリアの列車のふっくらとした形を参考に製作したと、スライド映像で説明する大竹十一

素材そのものの触覚性から出発して
面の一分一厘を争う原寸の作業には
現場でなければできないという面もある

「研究室——現場」より、ヴェニス・ビエンナーレ日本館
『建築学体系39』1959年初出、『吉坂隆正集7』再録

[上] 会議室のアルミサッシ
[下] 既製品が揃っていない時代は、メーカーと
共同でシステムを開発して製作した、方立て無
しで開閉できる片開き三連の建具を考えた

原寸で考える
——〈日仏会館〉のディテール

齊藤祐子

手の痕跡をたどる

　吉阪隆正と生涯のパートナー大竹十一が本格的に設計活動を始めたのが1954年。〈浦邸〉の設計を契機に吉阪研究室（64年にU研究室と改組）の創設メンバー5名が集まった。1956年には〈ヴェネチア・ビエンナーレ日本館〉を設計、その後〈ヴィラ・クックゥ〉〈海星学園〉〈呉羽中学校〉〈日仏会館〉〈江津市庁舎〉と50年代後半の短期間に次々と新たな建築を世に送り出した。

　等身大の人間の生活を基本に据えて建築をつくる。物と物、物と人、物と空気、物と宇宙の形を、徹底的に原寸で考え、現場で線を引きながら決めていく。合理的なものも不合理も全ての条件を投げ込んで形にしていく。形のもつ意味と力を信じ、建築を次々と実現していった。

　　創成期以来かわらない人間の中の共通なもの、それは大自然の中にある動植物あるいは鉱物にまで似通ったものとして、私を動かすのである。人間の理性などというチッポッケなものの太刀打ちできない世界がそこに覗かれるからである。

コンクリートが生かされるためには、こうした大自然の大法則の中に溶けこむような使い方をしなければならないと私は考えている。だからコンクリートで住宅をつくる時もそうした人生の根底とふれ合いたいと思う。

原始人がその後文明にふれて変わっても、原始人の時持っていた人間らしさを失わないような、そんな物でありたいと思う。

（1958年[1]）

　コンクリート造の〈浦邸〉は1956年に竣工した。95年の阪神淡路大震災でも、大きな被害を受けることなく、変わらぬ姿を見せている。戦前からのお屋敷やマンションが取り壊され、見慣れた周辺のまちなみはすっかり姿を消してしまった。そんな中、大きな木に囲まれた、ピロティのある小さな住宅のたたずまいが、まちの記憶の貴重な手がかりを与えている。竣工時の姿を大切にしながらメンテナンスをして時を重ねてきた戦後モダニズム建築は、現在も新鮮な驚きを与え続ける。

　ピロティを対角線に抜けるアプローチ。モデュロールで割り付けた窓。コンクリートとレンガ、木製枠の組み合わせ。そこでは、人の手の跡をたどりながら、つくる行為の温もりと、住むこと、人の営みと形への深い想いに触れることができる。

　〈浦邸〉には様々な手の痕跡が残る。玄関ホールの雲形レリーフには、浦氏一家と吉阪の手形。寝室の化粧台の鏡には、吉阪が現場でブロック壁にフリーハンドでエスキスしたチョークの線が現在もそのまま残されている。ペンキで赤、黄、青、黒と鮮やかに塗り分け

られたスイッチプレート。玄関ホールのアクリル窓の割り付け。アプローチのコンクリート床に家族で描いた引っ掻き模様。

　手頃で満足のいく既製品の少なかった時代、〈浦邸〉には小さな手仕事が印象的なディテールの表情をつくりだしている。そこに残されているのは、特別な職人の技というより、その現場で出会った職人の手とつき合いながら生まれた形である。それが、U研究室の変わらぬ設計姿勢であった。

身体で建築を感じとる

　1960年に竣工した〈日仏会館〉を、私たちはもう経験することができない。土地の等価交換による所有権の移転で、1995年4月建築の取り壊しが始まり、姿を消した。

　　コンクリートというような半永久的な材料で形を残し得て、終には廃墟となって発掘されるに至った時、あの時代の人々はと感嘆されるようなものをつくっておきたいと私は考える。

　　数千年先に考古学者がオヤと驚く時を想像すると、たまらない魅力を覚えるのである。

（1958年[2]）

　コンクリートで建築をつくることを吉阪はこう記しているが、20世紀の日本では、廃墟になるような建築は出現しない。つくるために壊すという凶暴な精神が社会を動かし続け、止めることができない。場所も建築も人も、現在まで積み重ねられた世界を引き継ぐ社会への転換はいつ来るのだろうか。

取り壊し直前の〈日仏会館〉見学会では、設計当時の話を大竹十一から聞きながら、建築と時代を全身で感じることができた。まちのスケールを考えながら提案した二つの広場。ホールを地下に埋めることでつくりだした人工土地の芝生の庭。屋上の積極的な利用。複雑な機能をまとめたプログラム。そして、現場で考え抜かれたディテール。

建築を生きることで、ある時代を経験することは、直接時代精神に触れる、〈建築的経験〉とも呼べるものである。さまざまな時代につくられたまちなみ、そして建築を経験することが、時を重ねてきた現在を支え、未来への提案を確かなものにする。

原寸で考える

「50年代は戦前とひとまず決別して、真っ白で何もない状態から出発した時代であった」と、大竹は振り返る。戦争という特殊な社会状況を経験した後、独特の解放感と旺盛な表現欲があらわれ、建築だけではなく、美術の分野でも文学でも積極的な試みと提案が活発に動いていた。

反面、50年代の建築は過渡期の存在でもある。工業化と量産の方向をたどりながら、生産のプロセスはまだ人の手が支えている。納得のゆく工業製品の流通はまだ少ないが、人の手と工夫が十分不足を補っていた。現在の状況からその時代を振り返ると、自由度と弾力のある工業化は、むしろ、人の意志と手の入る余地を残していた。

「それが当たり前だった。誰もが工夫しながら生活し、つくっていた」と、大竹は語る。

手の動きは、人の意志を伝えることができる。そして、時には言葉にならない思いを形にする。そこにひとつの表現が生まれる。

手元にあった広辞苑で手をめぐる言葉をたどると、五十余りの言葉がならぶ。身体的な手、腕だけではない、手当、手法、方法、仕事、人、働く人、関係、方向等々、人の仕事や、人と人の関係、そして人の想いを伝える言葉へとひろがっていく。日常何気なく使っている手というひとつの言葉に私たちが思いがけないほどの、深い思いと身体感覚を託してきたことに気がついた。

手にこだわって、つくる行為を考えると、手仕事、技術、技の世界が見えてくる。人の姿、つくるプロセスをとらえる時に、手の痕跡をたどる気持ちが強くなる。

〈日仏会館〉階段室の手摺は、手が触れる部分を徹底して原寸で考えている。原寸図では、昇る時、降りる時につかむ形、なでる形、そして木取り、加工、組立を考えながら線を決める。物と空気のぎりぎりの境と一分の一で向き合うのが原寸である。現場との接点、製作の段取りを考えながら原寸図の線を引く。自分たちが生きている場所をどうとらえ、表現するか。触る、つくるを形にする。そして、図面にいくつもの線を重ねることで、線が決まるプロセスが見えるだけでなく、思考の要素をひと目で把握することができる。〈日仏会館〉では、手摺、把手、押手、コンクリートの断面、巾木まで、原寸で考えながら形を決めた。つくることは選択することではない、生みだすことであった。

コンクリートと木の組み合わせには、コンクリートと人の間に木を割り込ませる気持ちがあらわれている。木は触れる場所であり、ある時はこれ以上寄るな、のサインになる。

「手の触るところは木が本命だった」と、大竹は語る。

チェッカードプレートを使った、がっしりとした外部ドア押手。鉄板を曲げて加工した建具の引手。収納家具の木製把手。それぞれふさわしい材料と形が考えられた。

われわれにとって、〈求めているものはこれだ！〉ときめつけることができるのはいつも形そのものである。

(1959年[*3])

現場で考える

手摺の端部、木の切り方は現場で考え決定した。長めの材料を入れて現場で切る。その場所で、人の動き、物と物の関係を考え確かめながらつくる。つくりながら考え、空間全体を感じ取りながら形を決めた。

現場に入り込んでフリーハンドで線を決定することも多かった。ロビーのテーブルは、家具の製作工場の作業場に行って、原寸を描いて決めた。

どんなに工業化されても、建築の現場での作業の大切さは変わらない。現場に関わる人と人の気持ちが形をきめる。それが建築のおもしろさであり、難しさでもある。

つくる行為そのものが日常的な営みであった時代に比べ、現在は人の手でつくるものの感覚が希薄になっ

てきている。概念をとらえることより、現実をとらえる力が弱くなる。感性にたよるわけにはいかないが、理詰めの方法を支えているのは時代と日常性に裏付けられた確かな感性である。そしてそれを育てるのが日常性である。食事をし、作業をし、歩きまわり、眠り、生活する中で建築と付き合うことが、つくる姿勢に結びつく経験のひとつになる。

　直接ものに触れ、全身で感じ取る機会が少なくなっている。それは建築に限らない、もっと広範囲に起こりつつある。同時に街中から、生活の中からものをつくるプロセスが見えなくなる。建築も厳重な仮囲いの中で作業が進み、完成した時に突然、姿をあらわすことになる。日常、現場に触れる機会は少ない。

　けれど、積極的に現場に入っていくことで、現場のおもしろさと厳しさに触れる。それは図面を描き、設計するおもしろさと厳しさにつながっていく。

形をつくる要素

　U研究室の設計プロセスで徹底的に作業を重ねたのが、ディテールであった。形を考える要素は具体的であり、何でも手がかりになる。そこで手に入る材料の大きさ、力のかかり方、人の動き、空間の流れ、材料と材料のぶつかり方、そして納まり。

　　私の知りたいのは、ひとつ一つの姿や形と私たちとはどういう関係にあるかということだ。それをやるのが有形学なのだとかんがえている　　（1972年[*4]）

　水を流し、落とす形を考えて、屋根の組み立てと端部のディテールを決める。早く水を切る。水の形。

　光を入れる、影をつくる、風をさがし、空気を通す、音を伝える、遮断する、視線をつなげる、遮る。自然とのつながり、身体の動き、感覚を組み立てていく。割り切らずに何でも放り込んで、混沌、曖昧模糊、合理も不合理もすべて抱え込んで決まる形。

　　とにかくここに集まった何人かは、自分が納得ゆくまでは、どんなにりっぱな意見にも、また常識として通っていることでも、すぐには受け入れられないような人々なのだ。自分なりの納得のゆくことであれば、稚拙であってもむしろ満足する。　　（1959年[*5]）

　〈日仏会館〉のアルミサッシは、片開き三連の建具を方立て無しで納まるようにした。丁番の軸の芯を少しずらすことで、開閉ができるようにした。アルミの把手もイタリアの列車で見たふっくらとした形を参考に、何度も型をつくって、メーカーと打ち合わせをしながら製作した。

　廊下の巾木も、高さと幅に変化をもたせて、人の流れ、場所の雰囲気を変える役割を果たした。

　鉄筋を曲げながら加工した〈江津市庁舎〉議場の渦巻きの押手は〈大学セミナー・ハウス〉へと引き継いだ。螺旋の自然石積みアプローチ階段。〈天竜川治水記念碑〉の植栽が描く迷路と繰り返しあらわれる、渦巻き、迷路という心をくすぐるモティーフが形に生かされる。

　コンクリートの表情、素材感を型枠やレリーフで表現することも、木のマーク、文字や数字をデザインす

ることも、納まりのディテールを考える同じ感覚で、現寸で考えた。

材料を生かす

　50年代の仕事では、建築の材料として使える種類は限られていた。一方で、木の種類、大きさは現在とは比べものにならないほど自由に使うことができた。また手間さえかければ、掘り出し物の材料、偶然手に入った材料を工夫して使う楽しみもあった。材料のもつ性質をとらえ、生かすような使い方を考えた。〈日仏会館〉〈江津市庁舎〉〈大学セミナー・ハウス〉では、手摺、枠、巾木等、「必要にして十分」という姿勢で寸法を決め、材料を決めている。

　〈江津市庁舎〉では、現場近くで取り壊された石州瓦の窯から出た材料を利用した。壁には表面がガラス化した窯のレンガを積み、瓦を焼く時に使う素材をレリーフにした。

　身近な材料を現場に持ち込んで、レースや和紙、絣の生地を壁に貼って仕上げ、裏打ちしていないドンゴロスの粗い素材とモルタルやペンキを組み合わせて、仕上げに独特の素材感をだす工夫もした。

タイルで遊ぶ

　〈日仏会館〉の壁の表情をゆたかにしているのは、フランスと日本の頭文字、FとJを組み合わせた二色のタイルである。タイルは色や貼り方の工夫で遊べる素材である。

　既製品でサイズの違う同じ色のタイルを組み合わせて、コストをかけずに変化をつける。タイル割のエス

キスはアトリエでは新人の役割だ。〈大学セミナー・ハウス〉浴室のタイルは圧巻でさえある。〈海星学園〉のモダンアートのような打ち込みタイル。〈吉阪自邸書庫〉ではPCコンクリートの壁に、いつの間にか集まった見本のタイルで、Uのオバケがユーモラスに打ち込まれていた。

建築・場所・人を生かす

60年代に入って、〈アテネ・フランセ〉〈大学セミナー・ハウス〉の仕事が始まる。

「時代はここで変化した」と、吉阪と大竹は振り返る。工業化が進み、手の仕事が建築の現場から見えなくなり始める。

50年代後半から60年代、赤道アフリカ横断、アラスカ・マッキンレー登頂、北米大陸横断、アルゼンチン滞在と吉阪は世界中を駆け回り、不連続統一体、有形学、発見的方法を語り、建築と形をめぐる世界がどんどん広がっていく。一方でアトリエでは大竹を中心に、ものと具体的に取り組み、現寸で形を決めていく方法も徹底していった。

1963年に設計を始めた〈大学セミナー・ハウス〉はその後20年、8期にわたる建築を重ねてきた。何年もかけて実現した計画は、「それぞれがふさわしい場所を得て、生き生きとしている」と、大竹が形容するとおり、土地の起伏を生かした特徴のある形が出現した。

大地に楔を打ち込んだ、逆ピラミッドの本館。アプローチに向かって来館者を迎える〈目のレリーフ〉。地形に沿って配置された宿泊ユニット群。シェル構造

コンクリートと人の間には、
手で触れる木の手摺

の講堂と図書館。ピラミッド屋根の中央セミナー館。そして、階段、手摺、建具、枠、押手のディテール。光と風と雨と、使われる材料は少しずつ変化しながら、形をつくる方法は変わらない。

この時期から、研究室のメンバーも増え、世代も広がっていった。吉阪が提唱した、不連続統一体は、建築でも形でも、人の集まりでもある。吉阪を中心に集まったメンバーは、独立して考え、ぶつかり合って、手を動かしエスキスを重ね、模型を囲んでディスカッションをしながら建築の形をつかまえる。

建築の形は、人と人の関係をつくり、変える力を持っている。そこで展開した設計の方法は、現実に建築にふれ、空間、形、スケール、そしてディテールを経験することで、はじめて感じとることができる。

「手の復権」より『コンフォルト』1997年春号 初出、2021年8月加筆修正

鍵をさずけよう。秘密を解く鍵を。

　日仏両国の結びつきの妙なることを形にあらわして
見たかった、その鍵を。

　このタイルをよく眺めて貰いたい。そこに鍵は隠さ
れているのだ。それは日仏をローマ字でFとJとして
組合わせてある。色がわりはあるにしても、いずれも
同じFとJである。ただし、FとJとは必ずしもFJと
なっていないで、FJともJFとも、そして又JFとも
なっているのだ。

　ここで数字の順列組合せを思い出して欲しい。たっ
た一つのFJのタイル。これをいろいろに組合わせたら
面白い図柄になるだろうと考えたのが出発点だった
が、意外にもその組合せの多いのに驚き、とうてい皆
やって見てその中から選ぶということが不可能なのを
さとったのだった。それほどに日仏の文化交流はいろ
いろな綾をなすということを証明するにはよいと考え
たのだった。

　だが考えてみると建築の設計それ自体が、この順列
組み合わせのように思えてくる。

　私たちはこのFJのタイルの鍵を用いたい、それは単
に日仏の交流ということに止まらず、もっともっと広
い世界を私たちは前途に持っていることを示してくれ
るからだ。

吉阪隆正

「組み合わせと順列──コンビネーションとパーミュテーション」
『近代建築』1960年6月　『吉阪隆正集 7』再録

▶右3点とも Fと Jを組み合わせた日仏会館のタイルは、切り抜いたブリキの板をタイルにあ
てて釉薬を吹き付ける手作業の製作過程で、一つひとつ違った表情が生まれた

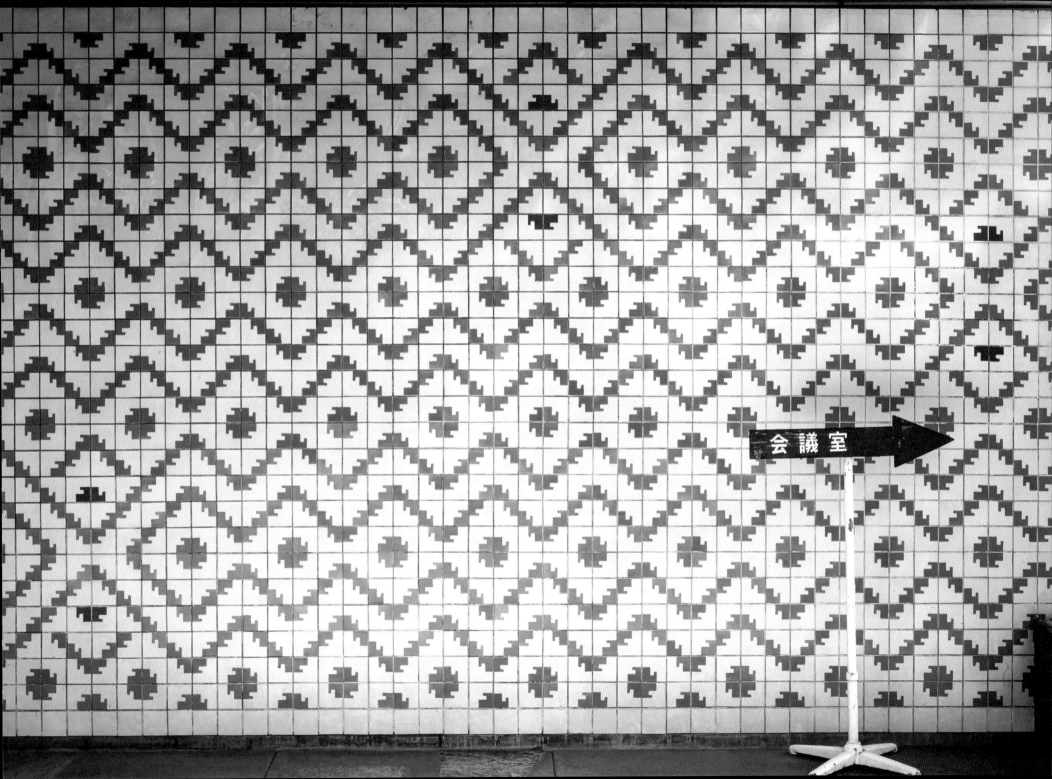

404

日仏会館

東京都 お茶ノ水｜RC造　地下2階、地上6階｜2,712.36m²
共同設計 佐藤兄弟建築事務所
1958年 設計、1959年 竣工、1995年 解体

新しい建物がひとつ実現し、その建物の中に人々が
入って新しい活動が始まるということは大変喜ばしい
ことだ。長い間の願望がここで現実となったのだから。
ところでその建物の中で予定した通りの活動ができる
かどうかは、実はこれがつくられる過程において大部
分が決定されると私は考える。そして施主、設計者、
施工者がぴたりとひとつになり、互いに尊重しあい協
力し合う気分で行った時ほど、完全に近いものが実現
される。この三者のうちどれかが独走してもいけない
し、投げ出してもいけないのだ。

お互いに相手の立場を理解し、かつその中で自己を十
分に主張するというルールを善意の上で成立させるこ
とが、実はこの建物の設計から実現までの全過程で一
番大切なことであった。それは建物の中での活動につ
いてもいえると同時に、プランにも造形にも、設備に
も、いえることであった。紆余曲折しながらもここま
で到達できたのは、こうした皆の善意の上にしだいに
相手を理解しあえるようになったからである。
世界の平和といった大きな問題の縮図がここに見られ
るし、その希望を与えてくれる。

「設計ということについて―設計者と施工者と施主―」
『新建築』1960年6月初出、『吉阪隆正集 7』再録

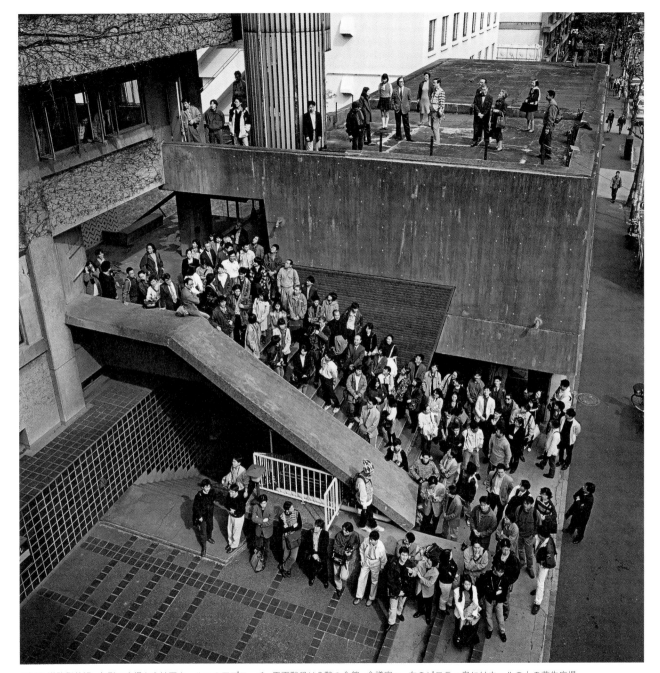

◀左頁 道路側外観、左側の広場から地下ホールへのアプローチ、正面階段は2階の会館、会議室へ、右のピロティ奥にはホールの上の芝生広場
[上] 1995年4月の見学会

ブロックプランのつくられる過程

吉阪隆正

都市的景観として欲しかったものは何か。堀端の、崖の上のあの敷地に、われわれは緑地と、見晴らしと、塔とが欲しかった。そして更にイタリアに見られるようなピアッツァも。日仏会館というような文化事業、文化交流の場というものとしては、ここにそれありと示す塔がほしいし、静かに憩う緑地も、人々の寄り集まる広場もほしいのだった。その上この地は高台だ。東京の町が一望に見晴らせるところだ。事実、い

ま屋上にのぼって見ると、一方に湯島から東大にかけての一群の施設、反対側にはブローニュの森を思わせるような緑の多い丘、エッフェル塔が四つ以上聳え、議事堂のピラミッドがかすんで見える。

玄関の前のピアッツァ、オーディの上の芝生は他の二つをととのえてくれた。これらは設計者の側で、この建物、この敷地から考え出したことだった。

矛盾するこれらの要求を二つながら解決する糸口を与えてくれたのは階段のとり方である。この建築制限いっぱいに建っている建物を眺めて、人々は、こじんまりしたものですねという印象を抱く。さて案内して内部を見たあとで、きまったように、どこにあんなに広い空間がおさまっているのだろうと首をかしげる。案内の仕方では、迷路の中へ上がったり下りたりさせられたような印象を受けるらしい。

この空間のマジック、内部空間のマジックこそブロックプランの妙なのだし、施主側も設計者側も、これを決定するためには、随分時間と労力と議論をたたかわしたのだった。これからは人々が入って、この虚ろな空間が活気を呈することを期待して止まない。

『建築文化』1960年6月初出、『吉阪隆正集 7』再録

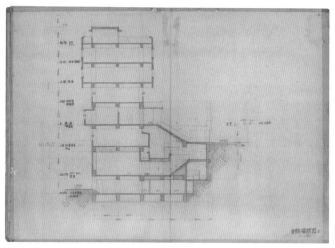
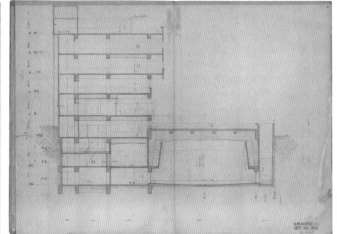
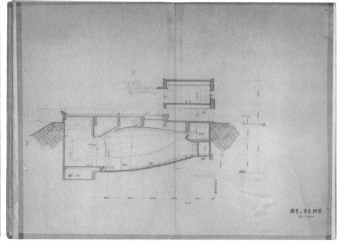

［上］**会館 横断面図 ロ** 1:100 | - | - | 青焼 | A2
［中］**本館 縦断面図 A、講堂（客席）断面図** 1:100 | - | - | 青焼 | A2
［下］**講堂及食堂 断面図** 1:100 | - | - | 青焼・鉛筆・色鉛筆 | A2

ピロティから見る、2階への階段

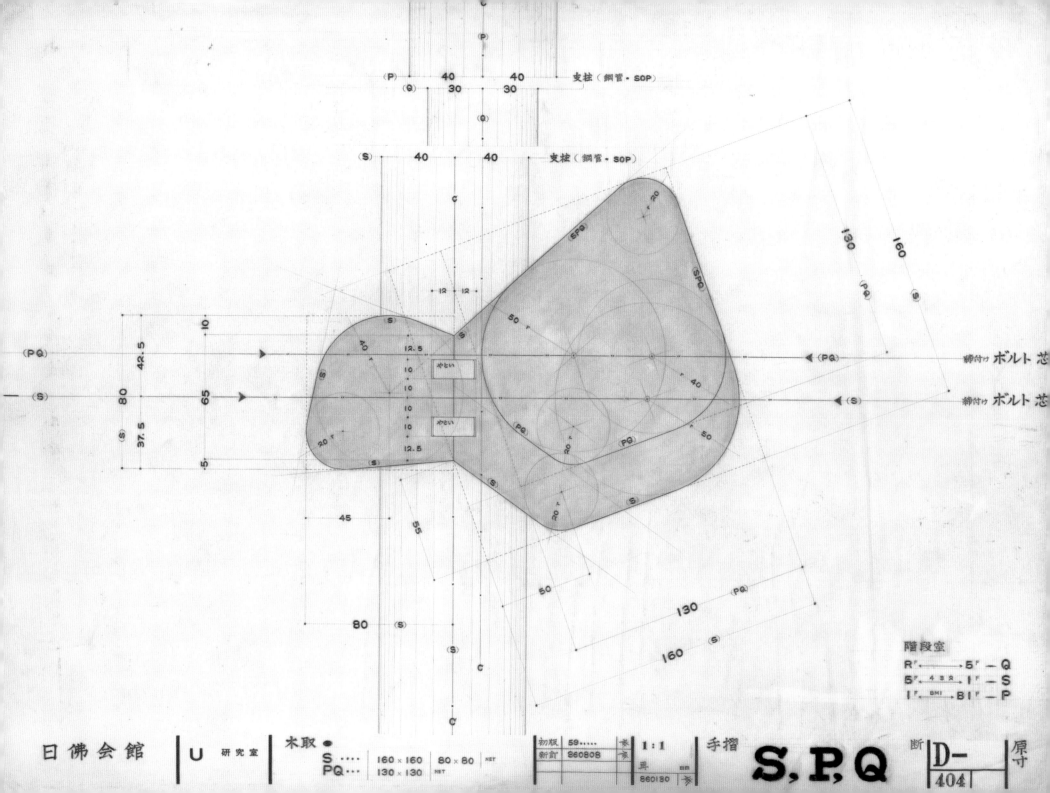

支柱（鋼管・SOP）

(P) — 40 — · — 40 —

(Q) — 30 — · — 30 —

(S) — 40 — · — 40 — 支柱（鋼管・SOP）

(PQ) ▶ ◀ (PQ) 締付け ボルト 芯

(S) ▶ ◀ (S) 締付け ボルト 芯

やとい

やとい

12 12
12.5
10
10
10
10
12.5

40
20 r
20 r

10
42.5
80
37.5
65
5

45 55
80 (S)
130 (PQ)
160 (S)

r 20
SPQ
SPQ
50 r
r 40
50
PQ
20 r
PQ
20 r
50

130 (PQ)
160 (S)

130
160
(PQ)
(S)

階段室

R F ⟷ 5 F — Q

5 F ⟷ 1 F — S

1 F ⟷ B1 F — P

日佛会館 | U 研究室 | 木取 ●
S ···· 160 × 160   80 × 80 NET
PQ··· 130 × 130 NET

初版	59······	予		1:1	手摺
新訂	860808				
			具 mm	
	860130	予		

S, P, Q 断 D-404 原寸

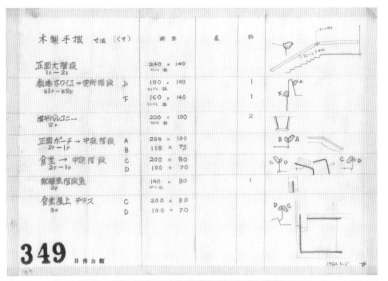

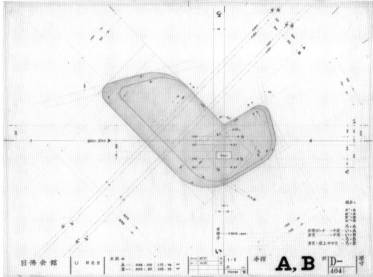

［上］**木製手摺寸法（くす）** －｜1960年3月5日｜大竹十一｜トレーシングペーパー・鉛筆・色鉛筆・インク｜A3［276×394］｜26%
［下］**手摺 A、B 原寸図** 1:1｜1973年1月30日 再製図（初版1959年）｜大竹十一｜トレーシングペーパー・鉛筆・インク｜A2［402×552］｜18%

◀左頁 **手摺 S、P、Q 原寸図** 1:1｜1986年1月30日 再製図（初版1959年）｜大竹十一｜トレーシングペーパー・鉛筆・インク｜A2［420×595］｜51%
二つの部材を組み合わせて締める、狂いを逃すように考え、スチールパイプの手摺子をはさんだ
［左］階段室手摺端部

[左]劇場扉 引手
[右]2階会議室 金属板を曲げ加工した引手
▶右頁 地下1階 ロビー、レセプションの
テーブル、椅子は天童木工製作

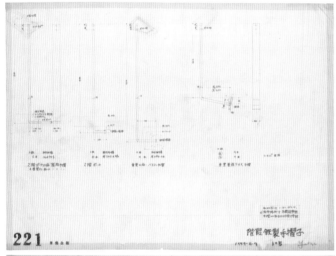

221 階段鉄製手摺子

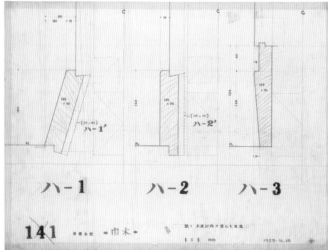

ハ-1　ハ-2　ハ-3

141 巾木

[上]食堂（会議室）玄関 引手 原寸図
1:1｜1960年3月25日｜松崎義
徳｜トレーシングペーパー・鉛筆・
色鉛筆・インク｜A3［274×405］
｜23%
[下]巾木 原寸図
1:1｜1959年10月13日｜大竹
十一｜トレーシングペーパー・鉛
筆・色鉛筆・インク｜A2［398×
542］｜17%

製作工場で原寸を描いた曲線が美
しいテーブルは、レセプションカ
ウンターとしてデザインした

34

建築をつくること、生きること
──お茶の水〈日仏会館〉

齊藤祐子

　戦後50年を契機に、取り壊しと保存の問題も含めて、戦後建築をめぐる様々な議論が起こっている。そんな時期、1960年に竣工したお茶の水〈日仏会館〉がむしろひっそりと姿を消してゆく。

　所有権の移転に伴って取り壊しが決まり、1995年4月5日見学会が行われた。吉阪と共に設計に携わった大竹十一、学生として設計を手伝った戸沼幸市、鈴木恂、沖田裕生をはじめU研究室関係者、吉阪ふく子夫人、長男正邦氏一家、妹の川久保よし子氏、そして若手の設計者、建築ジャーナリズム関係者から学生まで150人近く集まった。「設計した建築の解体に立ちあうとは考えもしなかった」と、35年経った建築の設計当初の姿に触れながら形を語る大竹の全身から、建築をつくることのなにかを感じ取ることができた。〈日仏会館〉は突然呼び覚まされたように、人々の視線にさらされて姿を消すことになった。それも建築のひとつの生き方である。けれど、建築を通して、ある時代を直に経験するという貴重な機会をここに失ったことを強く感じさせる1日であった。

　建設当時の16ミリフィルムからは、現場の空気が伝わってくる。地鎮際ではフランス側からアンドレ・マルロー、そして、蝶ネクタイ姿の吉阪隆正41歳。

現場周辺のまだのんびりとした街並み。松板と丸太で養生をしながら、線路と敷地の間に法面を残しての当時としては大掛かりな10m近い根切り作業、杭工事。SRCの鉄骨建方、コンクリート打ち、そして真新しい建築での竣工式。木造の住宅が建つまだ何もないお茶の水の風景、華々しく何かをつくることが人々の眼を惹く時代に、あえて400席のホールを地中に埋めて屋上に人工土地のオープンスペースをつくりだすエネルギーはどこから生まれたのだろうか。並はずれた意気込みがなければ実現できなかった案である。

　建築は実際に訪ねてみないと分からないものだとつくづく実感させられたのが〈日仏会館〉である。U研究室のなかでもお茶の水に建つ二つの建築〈日仏会館〉〈アテネ・フランセ〉は対比的に語られてきた。そして対外的にも日仏よりアテネといった気分が強かった。日仏が竣工した年にアテネの設計は始まっている。設計者と建築の関係は複雑なものがある。私の経験からも、最初に設計を初めてからエスキースを重ね、模型をつくり、図面を描く。現場に入って数年越し、やっと建築がひとつの現実の姿を現す。建築が設計者の手を離れて自立していくとき、設計者もその建築から離れながら新たな未知の場所へ向かう。「日仏はどちらかというと納めたいという気分が強かった。それに比べてアテネのびのびとした表現ができた」と大竹は二つの作品を振り返る。けれど、全体が抑え気味である分、全エネルギーがディテールに集中したのではないかと思わせるほど、完成度の高い表現が迫ってきた。その後の建築、〈アテネ・フランセ〉や〈大学セミナー・ハウス〉を支えるディテールの原形がこ

こにある。驚きと発見であった。

　つくる行為も使う行為も身体の運動をそのまま建築のディテールに投げ込んだような線と、そこに至るむしろ理詰めのプロセスが一つになって形が生まれる。つくる、触る、水を切る。そんな原寸、ディテールのプロセスが伝わってくるのが日仏の建築である。

　一方で日仏とアテネに共通しているのが建築のスケール感である。外から見ると街並みにこじんまりとむしろ小さな姿を見せながら、一歩中に入ると思いもかけない広がりと構成を展開する。

都市的景観として欲しかったものは何か。
日仏会館というような文化事業、文化交流の場というものとしては、ここにそれありと示す塔が欲しいし、静かに憩う緑地も、人々の寄り集まる広場も欲しいのだった。
『近代建築』1960年6月

　場所のもつ潜在的な力を読み取り、ひとつの建築がその場所に建てられることで、大きな場の力を発していく。〈日仏会館〉は、そのような役割を果たす建築であった。線路の反対側から見下ろすと、ぎっしりと中高層建築に埋めつくされた街並みの一画に、緑の芝生に覆われた中庭が不思議な力をもった場をつくりだしている。街に、人に、開かれて使い続けることが、建築の生きる本来の姿である。保存とは別の次元で、建築を手掛かりに意欲的に経験すること、使うことがつくることに結びつき、建築を支えていることを、現在こそ深く考えていかなければならない。

『SD』1995年6月号初出、2022年1月加筆

まわりを木立に囲まれた記念碑、1998年2月

903

天竜川治水記念碑

静岡県豊田町 国道1号線天竜川橋たもと｜RC造｜33.62㎡
1963年 設計、2000年頃解体

　浜松の東、天竜川の鉄橋を渡ったところにあって、
治水をした上流の山々を北に眺められる。治水の恩人
である金原氏の紋章をつけた銅の玉が毎日正午になる
と太陽の光を受けて光る。この事業が長い年月これか
ら後も続けられるだろうが、それを象徴する意味で迂
曲する参道がつくられ、かりこみの生垣の間を進むよ
うになっている。　　　　　　　　　『建築』1966年1月

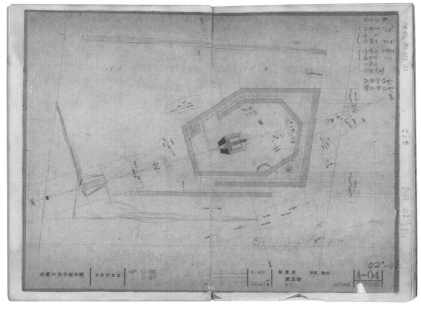

[上]配置図、建立碑、生垣、敷石 1:200｜1965年2月3日｜大竹十一｜黒焼・色鉛筆｜A2[420×597]｜
19％　[右]南北の裂け目は天竜峡をあらわし、植林の木を銅で型取って埋め込んだ、太陽が子午線を通
過する時、木に陽があたる

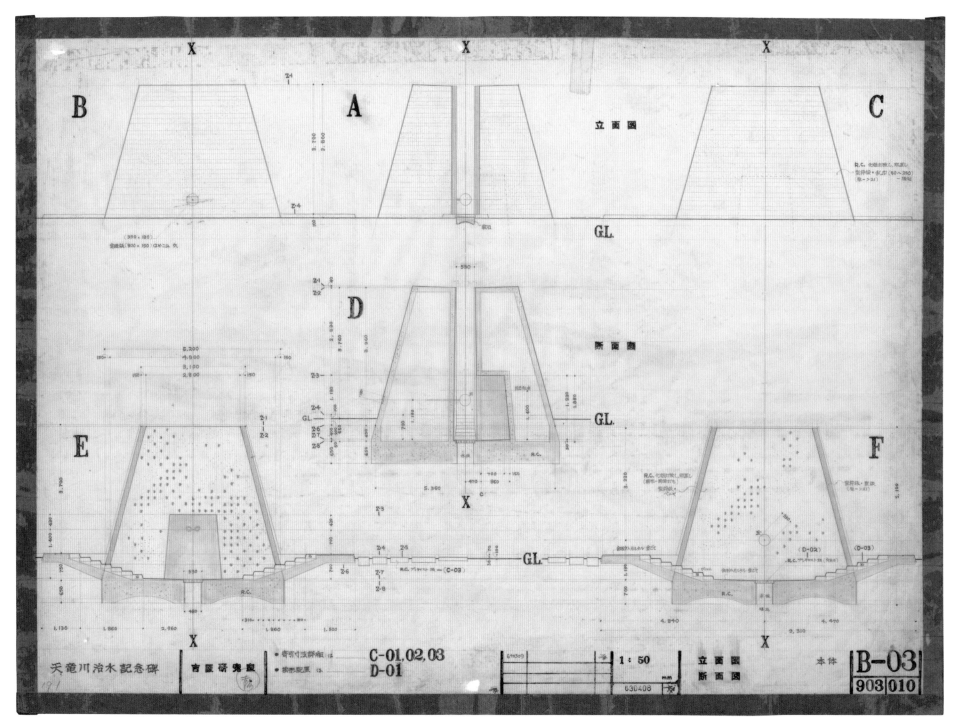

立面図 断面図　1:50｜1963年4月8日｜大竹十一｜トレーシングペーパー・鉛筆・インク｜A2［401×550］｜46%

天竜川治水記念碑の
設計に寄せて

吉阪隆正

［上］**建立碑 詳細図 原寸図**
1:1.5 ｜ 1986年8月8日　再製図（初版1965年3月31日）｜ 大竹十一 ｜ トレーシングペーパー・鉛筆・インク｜ A2［401×550］｜ 22%
［下］**樹形・目玉形 原寸図 展開図**
1:1、50 ｜ 1964年3月7日 ｜ 大竹十一 ｜ トレーシングペーパー・鉛筆・インク｜ A2［417×589］｜ 21%

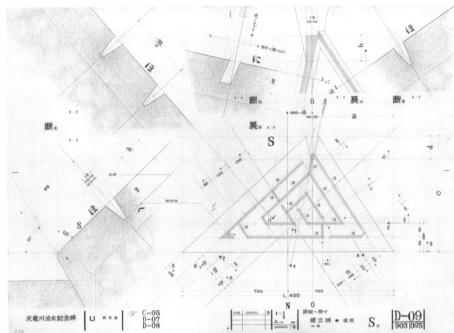

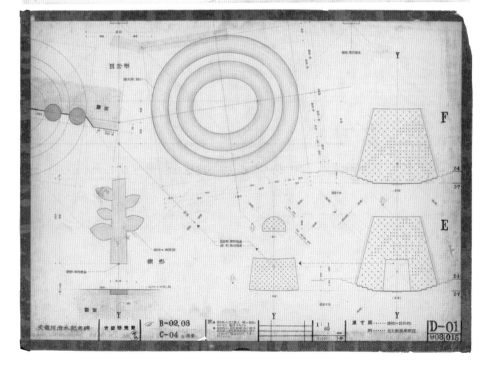

　大自然と取り組んだ大事業を顕彰する記念碑として、私はそのもの自体は少なくとも自然の大法則とどこかでつながっている感じを求めた。そして太陽の子牛線通過を利用することがこの記念碑設計の出発点となった。

　たまたまこの大事業のうらに大きな力として働いているのが金原明善翁の治債だが、太陽の子牛線通過するほんのわずかな時間ごとに繰り返し翁のことを想い出すということは、この記念碑としては意義のあることではないかとも考えた。

　こうして正確に南北軸にそった割れ目をもつ二つの壁の谷間という空間が生まれた。正午にだけ陽がいっぱいな空間である。この中央に明善翁象徴する家紋を彫り込んだ玉を配したのだった。

　二つの壁の間にできた挟間は、天竜川とその上流の山々を表し、偶然にもまた、このさけ目の北方遠くがその行事の行われた現地を指し示す結果となったのである。この半ば閉ざされた空間に入る者は、そそり立つ壁やその肌からあたかも現地に赴いたかの感を抱くであろう。

　さて一方、二つの壁の二つという数から、そしてまた入り口と出口という対から、人生の根底に横たわっている陰と陽とのことを連想させられる。自然の法則と人生の哲理をこうしてここに一つにまとめて表現しようと試みた。だがそこへの道のりは煩悩のみちがぶつかりぶつかり進むように紆余曲折してつくられている。歩を進めるに従って刈込みの生垣の間から、しだいに中心の碑が明瞭に見通し得るようになっている。

　中心の碑を究めた者は、再び後方の庭に出て、別の迷路に再び遊ぶことができる。しかし見通しのきくこのラビリンスでは、曲がりくねった人生をも楽しみとして生きるように迷うことなく散策できるだろう。

昭和38年4月8日『吉阪隆正集』1986年

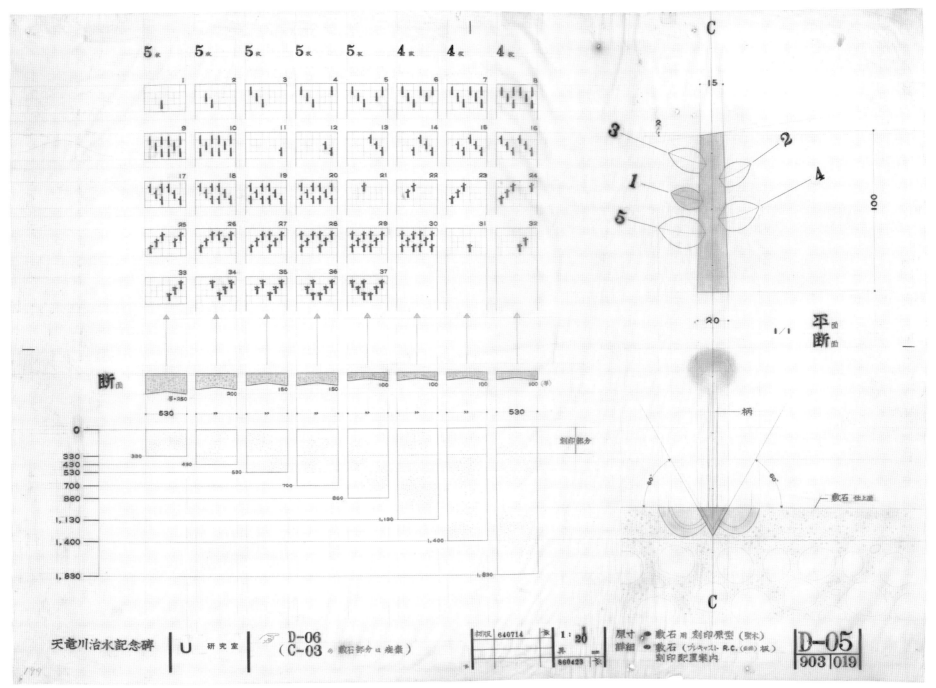

◀左頁 大竹十一の撮影フィルムから、オリンパス・ペンで撮影したハーフ判フィルムには模型や現場を独特の視点で見る大竹の視線があらわれている。天竜川治水記念碑、大学セミナー・ハウスの模型、現場、U研究室の活動など
[上] **原寸図 詳細図** 1:1、20 | 1986年4月23日 再製図（初版1964年7月14日）| 大竹十一 | トレーシングペーパー・鉛筆・インク | A2 [420×580] | 43%
記念碑の植林を表現した木のモティーフは、大学セミナー・ハウスの〈木のマーク〉へと展開していった

天竜川治水記念碑 | 41

「木」のマーク

吉阪隆正

きっかけは天竜川の治水記念碑に始まった。植林をし、それが育ち、茂るようになって、ようやく当初の意図が満たされるという息の長い仕事を象徴するものであり、自然の理法敬虔でなくては、という意味も加え、さらにこの仕事の礎を築いた金原明善氏の徳も暗にたたえようということであった。今日までの長いみちのりを体験的に感じるようにも表現したかった。

毎年の一年一年がものをいうことを、敷石に刻印して、一つ一つを踏みしめてその努力のあとをたたえようと、一年目は芽が三つ、そして10年目には葉が一つ、20年目には葉が二つと、次第に茂ったマークをつけることにした。

その同じ樹形を銅でつくり、中央に建てられた碑の南北に割った裂け目、天竜川の渓谷を思わせるその壁に、植林をするように埋め込んで、よく見れば金原の字が読み取れるように配置したのだった。

太陽が南中する前後にここに陽が当たるのである

それから一年あまりして、大学セミナー・ハウスが八王子にできて、七つのセミナー室に番号をつける必要が生じた。今度は樹木ではなく、人を育てる場である

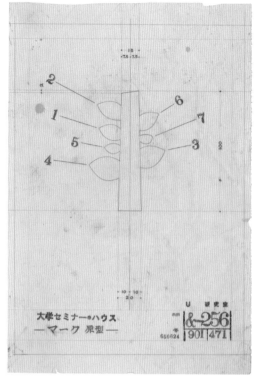

[上] 大学セミナー・ハウス マーク原型 原寸図
1:1｜1965年6月24日｜大竹十一｜トレーシングペーパー・鉛筆・インク｜A4[310×213]｜32%
[右] 堅木で作製した木の原型を刻印したプレキャストの敷石、1998年2月

る。しかし、自然の中で簡素な生活をしながらという精神を象徴するには、天竜川の記念碑の"木"のマーク的なのがふさわしいものと思われた。

第一群には葉が一つ、第二群には葉が二つというふうにして、第七群まで葉の数で区別して、これをセミナー室のめくら壁に大きく塗り分けて、遠くからでもすぐわかるようにしたのだった。

やがて大学セミナー・ハウス丘の上に旗を揚げる必要が生じたとき、この木のマークはシンボル化したし、会館二周年目の時には文鎮につくられ、いろいろ

なパンフレットや便箋にもマークとして使われるようになっていった。

生み出した形というものが、それだけに終わるのではなく、幅広い分野にまで利用され、いってみれば食い荒らされ、皆に味わってもらえるようになる形、そんなものをつくり出したいものだと考えていたのが、"木"のマークはささやかながらその願いを実現してくれたのだ。

『ディテール』1974年 春季号

［上］大学セミナー・ハウスの木のマークは、7つの群が集まる宿泊ユニット
群の数字のサインでもあった、4群と5群のセミナー室
［右］大学セミナー・ハウスのシンボルマーク、7枚の葉っぱのレリーフ

線は実在の表現だが、
物と空気の境界のどちらをあらわしているのだろうか。
原寸であらわす線は、物と空気のギリギリの線を描く
のだから、
限りなくゼロに近く、極力細く強い線で描くものだ。

原寸図の線は、寸分違わずつくってほしい時は、限り
なく細く鋭く濃く描く。こんな感じが何よりも大切と
いうときは、太く強くあらわす。例えばモルタル、石
を割ったまま粗面で仕上げる時、丸太や玉石などの自
然の材料を使うとき。

大竹十一

『吉阪隆正の方法　浦邸1956』1994年

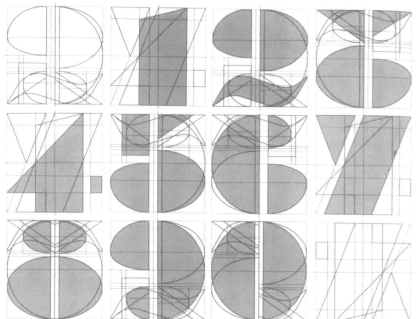

雑

数字のパターン図

［上］大学セミナー・ハウス／宿泊ユニット
ハウスの数字サイン、右から、8、9、10、11
〈ぐるぐるつくる大学セミナー・ハウス〉
ワークキャンプの活動では、施設の塗装を
行った、2011年
［右］呉羽中学校 数字2 原寸図　1:1｜
1964年6月10日｜大竹十一｜トレーシン
グペーパー・鉛筆・インク｜A2［407×556］
｜15%

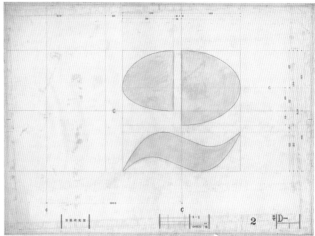

▶右頁 呉羽中学校、江津市庁舎、アテネ・フランセ、大学セミナー・ハウスなど
の、数字サイン。一枚の図面に重ねて描いた線を切り抜いて、1、2、3、4、5、6、
7、8、9、0の数字を表現する工夫をした。原型を一枚にまとめた図面には、表、
裏、上下逆さを使い分ける指示がしめされている。
数字 原寸図　1:1｜1986年8月1日　再製図（1960年　初版）｜大竹十一｜ト
レーシングペーパー・鉛筆・色鉛筆・インク｜A2［421×591］｜51%

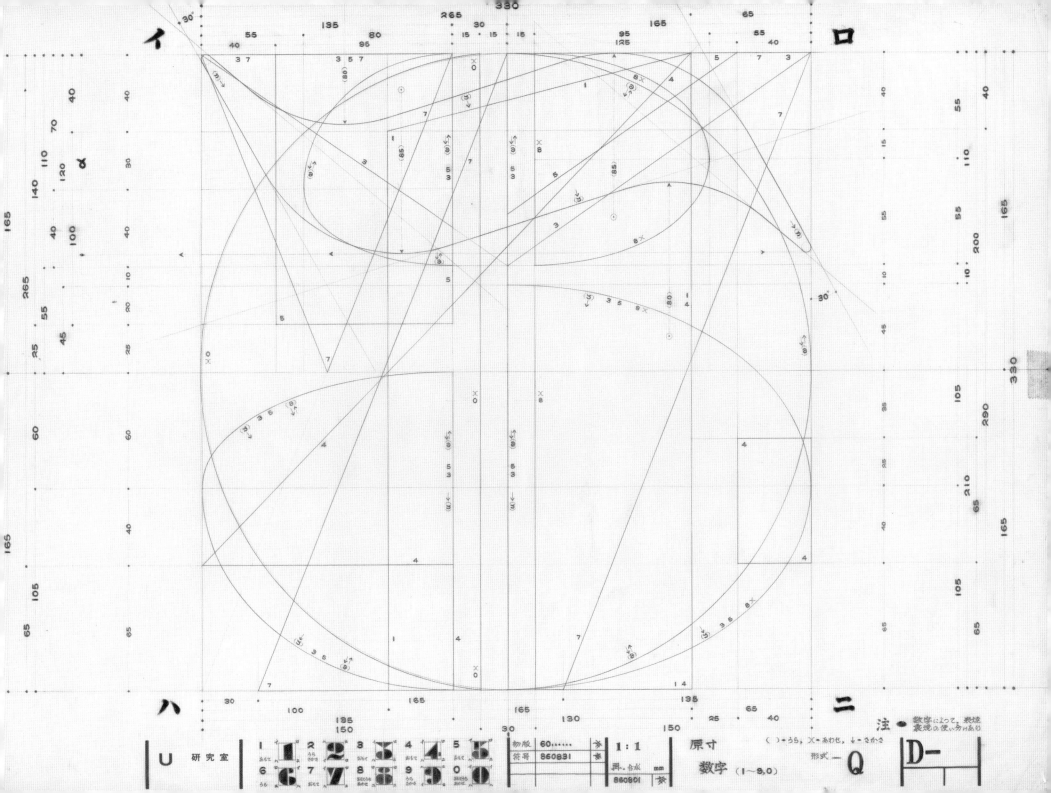

1407
生駒山
宇宙科学館

奈良県生駒市｜RC造＋S造 2階｜2,951.34 m²
1968年 設計、1969年 竣工、2016年 解体

　生駒山上遊園地の東隅、奈良盆地を見おろすところにこの建物はある。東天をさす大樋がこの建物のシンボルである。内部は宇宙船や月の世界をくりひろげる展示館である。

　私たちは現場の時期に徹底的に図面をかき、模型をつくる。施工図に多くのエネルギーを費やすのが大きな特色である。一応、ディテールの追求という形式で進められるが、この作業は単なる「部分の造形」や「納まり」を超えたものであるように思う。おぼろげなイメージはここで始めて一つの輪郭を取り実体化されてゆく。まさに建築はこれから始まる。

『建築』1971年1月 初出、『吉阪隆正集 7』再録

［左］東の天を指す大樋
▶右頁　アプローチから屋根を切り込む大樋

生駒山 宇宙科学館

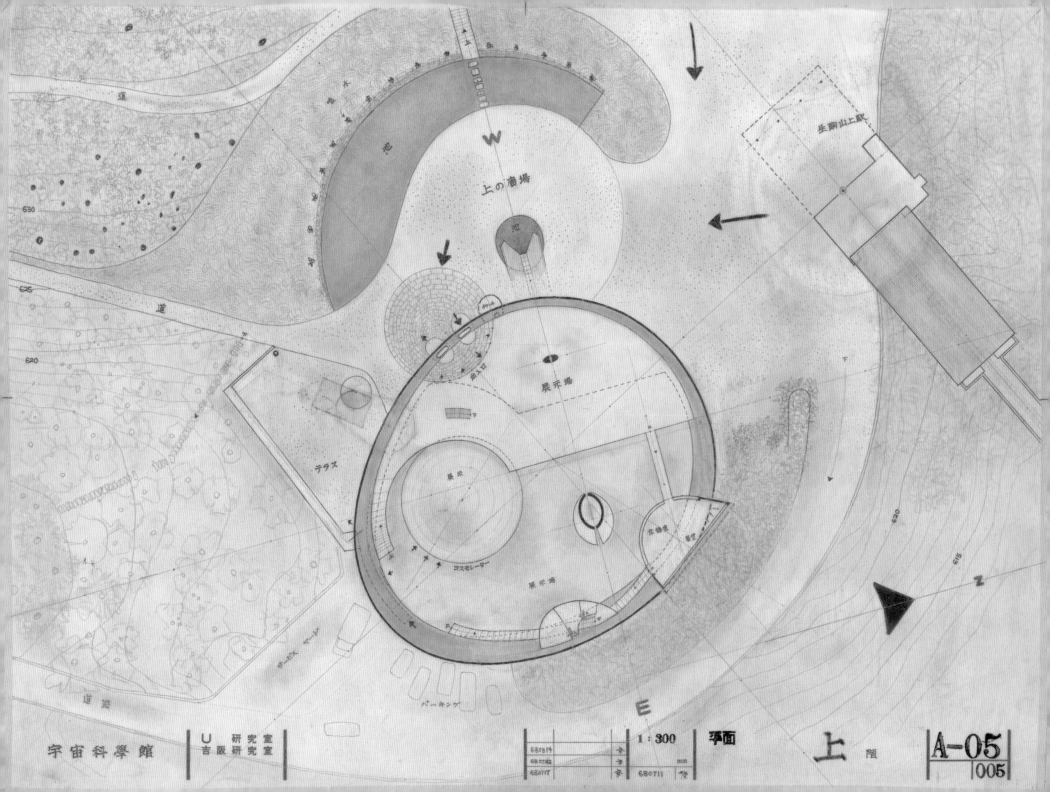

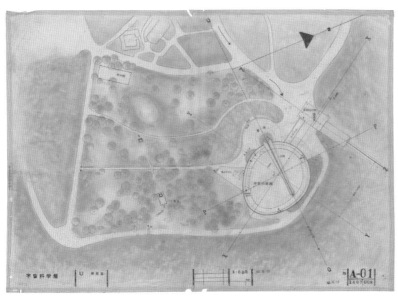

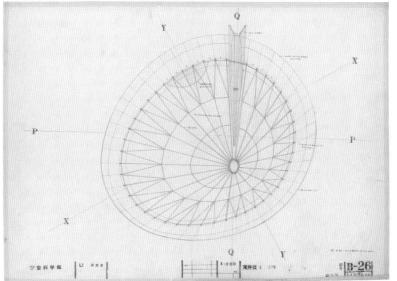

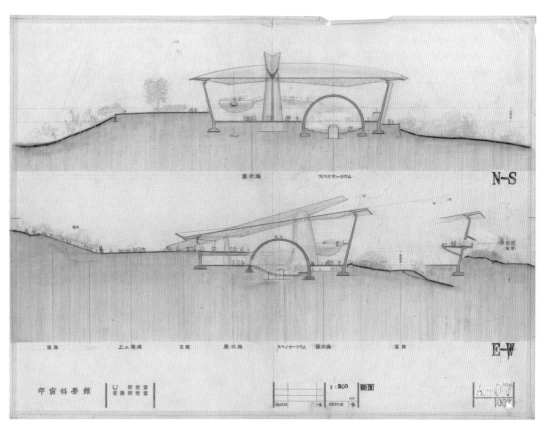

［上左］**配置図**
1:600 ｜ 1968年11月18日 ｜ 大竹十一 ｜ トレーシングペーパー・鉛筆・インク ｜ A2［421×594］｜ 18％

［上右］**天井伏図 上階**
1:200 ｜ 1968年11月16日 ｜ - ｜ トレーシングペーパー・鉛筆・インク ｜ A2［422×597］｜ 18％

［右］**断面図**
1:300 ｜ 1968年7月16日 ｜ 大竹十一 ｜ トレーシングペーパー・鉛筆・色鉛筆・インク ｜ A2［405×547］｜ 26％

◀左頁 **平面図 上階**
1:300 ｜ 1968年7月11日 ｜ 大竹十一 ｜ トレーシングペーパー・鉛筆・色鉛筆・インク ｜ A2［405×547］｜ 53％
建築図面は〈青焼〉として感光紙に焼き付けて現場に出していたが、U研究室では黒い線の〈黒焼〉にこだわっていた。トレーシングペーパーに描いた図面は〈黒焼〉でしっかりとメリハリがつくように、裏から鉛筆の粉をデッサンに使う擦筆で影をつけたり、軸線がしっかりと映るように裏から線を重ねたり、感光紙の図面表現を考えて描いている。大竹十一のこの原図では様々な工夫をみることができる

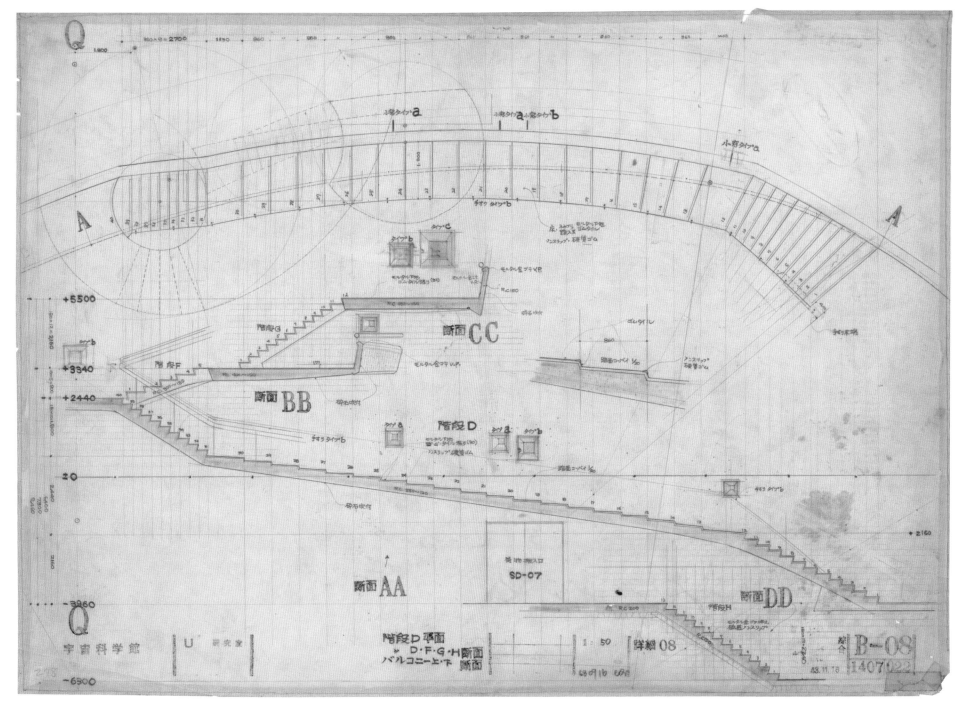

［上］**階段、バルコニー 平面 断面 詳細図** 1·50 ｜ 1968年9月16日 ｜ 樋口裕康 ｜ トレ　シングペーパー・鉛筆・インク ｜ A2［425 × 599］ ｜ 43%
◀左頁　展示空間をめぐる階段、ブリッジ

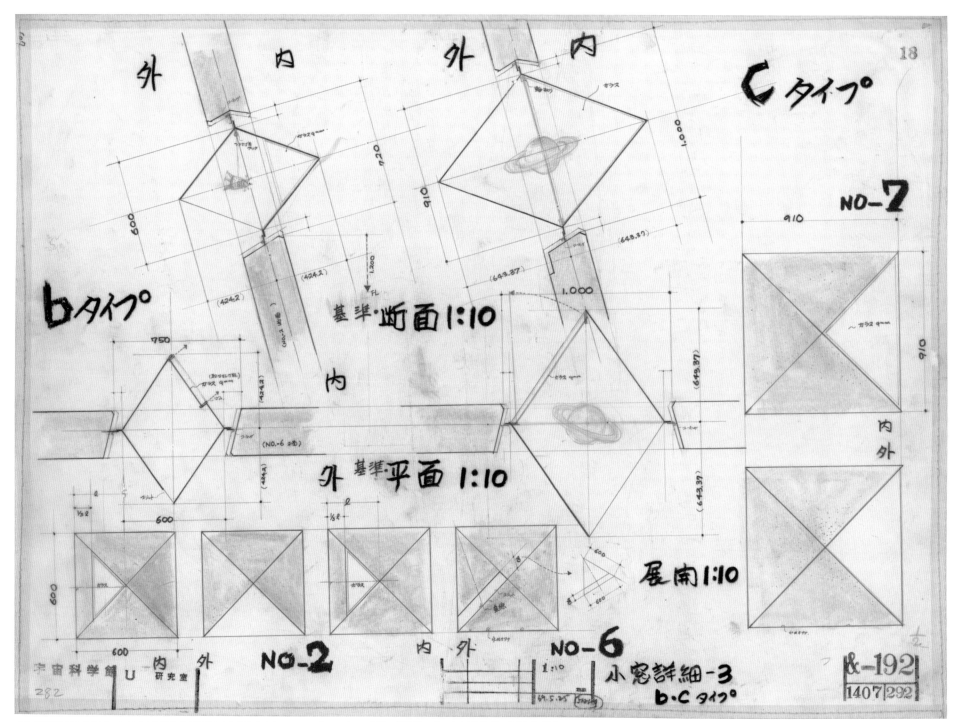

Cタイプ

NO-7

bタイプ

基準・断面1:10

基準・平面1:10

展開1:10

NO-2

NO-6

小窓詳細-3
b・Cタイプ

宇宙科学館 U 内 外 研究室

&-192
1407 292

小窓 詳細図 現場施工図　1:10｜1969年5月25日｜大竹康市｜トレーシングペーパー・鉛筆・色鉛筆・インク｜A2［399×548］｜47％

材料、工作技術、着想　吉阪隆正

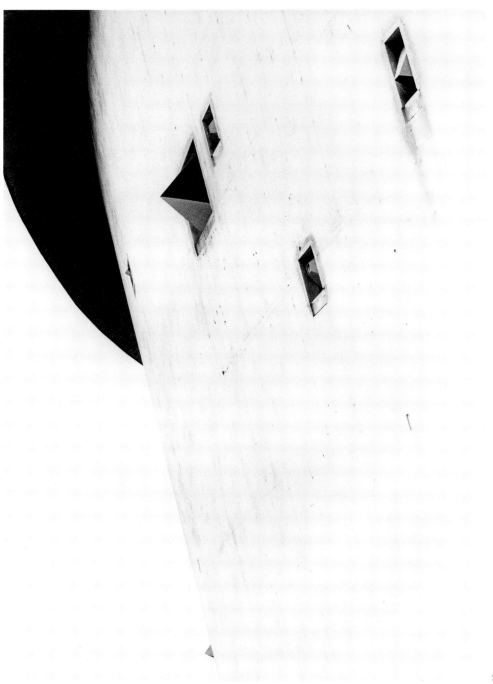

外壁にあけられた小窓

　建築物の設計の初期段階で、そのまとまりを求め探るときに、紙と鉛筆を使うか、粘土をこねてみるか、ボール紙とはさみと糊を使うかで、かなり発想が違うことの経験はだれでもあるだろう。これらの材料は実際に建築する建材とはかなり別の特性を持った材料であるから、いきなり最終段階の答を与えてくれるものでないことは百も承知の上なのだが、それでいて粘土なら粘土の、ブリキ板ならブリキ板の取り扱い方、そこにある制約や可能性が、そのまま発想のきっかけになってしまう。思うような姿にならなくて、その不具合さの中に自然さを発見して、これを活かす方法へ切りかえるとか、全く偶然に示したその材料の特性を活かした姿にハタと問題の解答を連想したりすることがある。

　それからあとは、その筋書きを明確化する作業であり、その筋書きがどこまで細部まで行きわたらせうるかの検討につながる。

　生駒山の宇宙科学館のとき、日常的な遊園地のまわりの世界と遮断して、スケールのわからなくなった所へ、無限を思わせる一つの軸線を引こうと考えて、それを粘土でいろいろ試みた。たまたま粘土の塊を適当な大きさに切るためにナイフを入れた。その切れ目の美しさに魅せられるということがあった。

　つぎには意識的にナイフの切れ目を入れてみる結果となり、そこからしだいに一つのまとまりへと進んでいったのだった。

　こうした発見は、ささやかなものでしかない。しかしそれを発見したことで、次に実際の建材を扱うときに、ある方針が定まるとはいえる。

「建築におけるディティールの意味」
『ディテール』1972 年夏季号 初出、『吉阪隆正集 7』再録

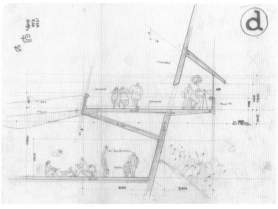

［左］展示空間とブリッジ、手摺　［上］**ブリッジ断面 検討図**　1:50｜1968年8月26日｜樋口裕康｜トレーシングペーパー・鉛筆・色鉛筆｜A3 [291×405]｜18%　［下］図面を描いては模型をつくってエスキスを重ねるプロセス、スタイロフォームで模型をガンガンつくったという（『建築』1971年1月）

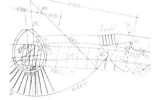

宇宙館内部のバルコニー、階段

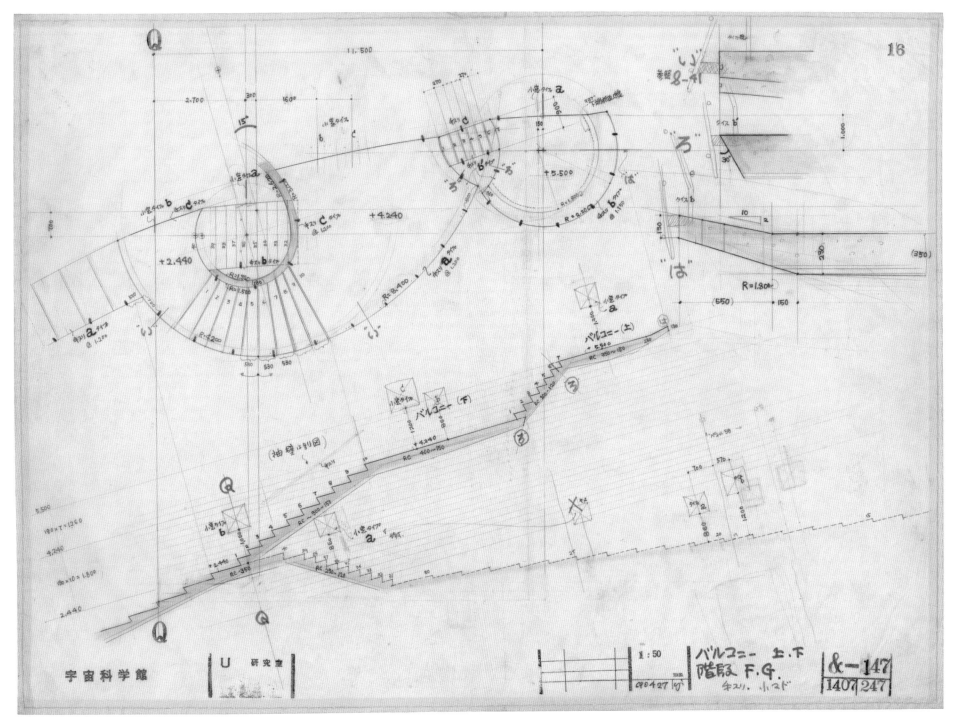

宇宙科学館

U 研究室

1:50

バルコニー 上・下
階段 F.G.
手スリ・小マド

&-147
140/247

バルコニー、階段、手摺、小窓 詳細図、現場施工図　1:50 ｜ 1969年4月27日 ｜ 松崎義徳 ｜ トレーシングペーパー・鉛筆・色鉛筆・インク ｜ A2［405×547］｜ 46%

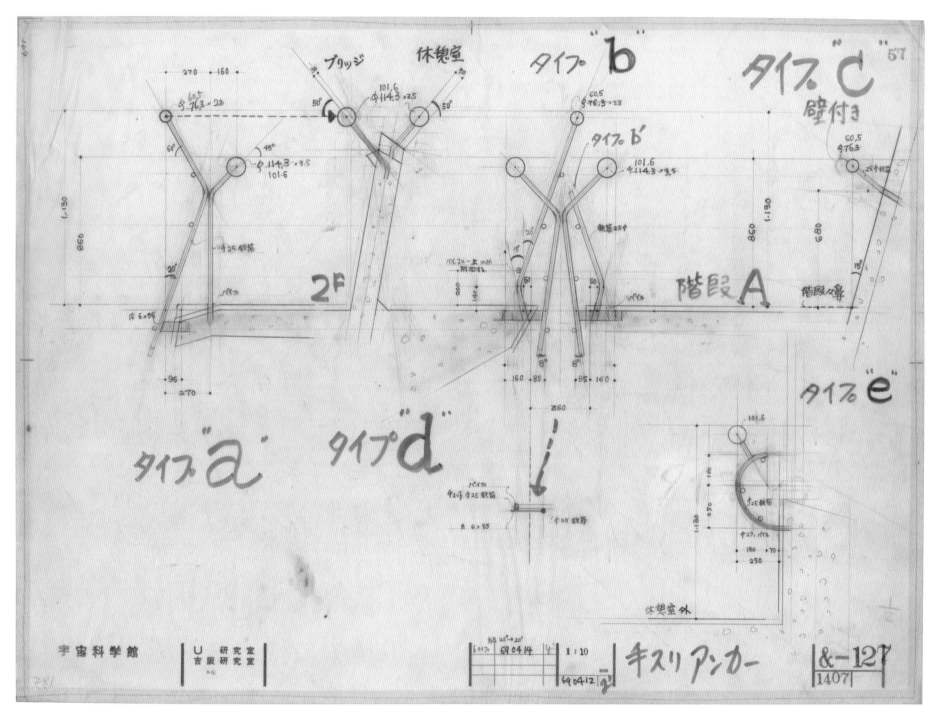

手摺アンカー 詳細図、現場施工図　1:10 ｜ 1969年4月12日｜松崎義徳｜トレーシングペーパー・鉛筆・マジックインキ・インク｜ A2［402×549］｜ 45％
松崎の図面には、太いマジックペンで思い切りよく力強い線と文字が描かれている

人はなぜ建てるのか
——吉阪隆正の見つめていたこと

松隈 洋

　吉阪の遺した建築が、そこを訪れるものに等しく感じさせる、心とからだが自然に開かれていくような、くつろいだ雰囲気は、一体どこからもたらされるのだろう。それは、残念ながら、洗練され、どこか取り澄ましたクールな表情を見せる現代の建築からは、得られることの少ない感覚だ。おそらく、そこに、吉阪の建築が今も発し続ける同時代性の秘密が隠されているに違いない。そこで、ここでは、いくつかの視点から、その力の源泉について書き留めておきたい。

空間の力

　吉阪の建築に接するとき、まず人が直感的に感じるのは、どんな存在でもそのまま受けとめてくれる建築としてのふところの深さではないだろうか。そこには、たとえ建物がどんなに汚れようとも、またそこに何をもちこんでも、ビクともしない強さと安定感が備わっている。けれども、それは、けっして押しつけがましいものではない。どこまでもさりげなく、そこにいるだけでいいんだよ、と語りかけてくる。彼の建物には、何となく座り込んで語り合いたくなるような広場やコーナーなどが随所にあって、さらに、それらを大らかに覆う屋根や、がっしりとした柱と壁が包み込

んで、空間の骨格が作り出されている。そのザックリとできあがったシンプルな構成から、ごく自然に、その独特な存在感が醸し出されているように思えるのだ。

　こうした風格は、現代の建築には見ることができない。風が吹けば飛んでしまいそうで頼りなげだし、少しでも汚れると途端にみすぼらしくなってしまう。どこかガラス細工のように繊細で、使い手の自由を許さない窮屈な雰囲気も感じられる。そこには、骨太さが不足している。工業化の進展が引き起こした、現代建築の抱えるジレンマとでもいえようか。吉阪の岩のような建築は、それとは対照的に見える。この違いはどこから生じるのだろう。

　それは、吉阪の建築が醸し出す、建築がまさに生まれんとする瞬間に立ち会っているかのような、始原的な空間の力、からなのだと思う。そして、その力の源になっているのは、発想の原理的な強さではなかろうか。つまり、建物が成り立つ大元にある概念をつかもうとすること、すなわち、なぜその建物が生まれたのか、という問いかけに答える行為そのものとして、建築をそのつどゼロから組み立てる地点に、いつも吉阪は立とうとしていたのだ。彼はこう述べている。

　「雨が降ってきた。バナナの葉を一枚もいで頭にか

ざした。雨のかからない空間ができた。（中略）新しい空間とは、こんな風にしてできるのだ。おそらくこれ以上の方法で、新しい空間は生まれない。葉っぱは傘になり、傘は屋根になり、屋根は住居になって、それからまた、諸々の公共の場所にもなっていった。自分の周囲にあたえられた可能性の中から、最も端的に最も単純に、そして完全に要求を充たす方法を探し出すこと、しかも時期を失せずに。（中略）毎回条件は違うのだから、毎回違う空間を生み出せるのである。なぜ人々はそれをやらないのだろう[*1]」。

　この言葉からは、吉阪の、建築をその始まりにおいてつかまえようとする視線と、既存の常識や習慣を疑い、自由に建築を考えようとした態度とが伺える。そして、それは、次のような意識的な設計作業を遂行するために必要だったのだろう。つまり複雑な与条件をなるべく単純な形となるように解くこと、そして、ある建物が、その発生時点でもっていたであろう原型の空間を発見しようと努めること、そのことへ向けて設計を進めていたのではないだろうか。おそらく、そのことが、彼の建築を、何ものにも替えがたい、ある普遍性をもつ存在へと押し上げている。

形のもつ力

ところで、現在の建築を巡る考え方として、建物の形が恣意性に陥ること、わざとらしい身振りを見せること、を極力避けながら、形自体を消去しようとする傾向がみられる。そこでは、全面ガラスによって即物的で無表情な外観としてみたり、建築の大半を地中に埋めて姿を隠してしまう、といった方法が採用されている。それは、奇抜なデザインが身の周りにあふれ、辟易させられている状況が生み出したものであり、そこには、形の氾濫に対する本能的な中和作用が働いているのだろう。けれども、やはり、それらは、一定の批評性をもつものの、下手をすれば、形を作り出す行為そのものの放棄、《形のニヒリズム》へと進みかねない危うさを合わせ持っているのではなかろうか。

一見、吉阪の建築は、そうした現在の中位的なデザイン志向を生むきっかけとなった、思いつきの形、造形主義的な流れの元祖のようにも受け取られかねない。しかし、不思議なことに、彼の建築は、いつも、ほかの何者にもなり得ない、ある必然的な形として迫ってくる。例えば、大学セミナー・ハウスの楔形の本館、ピラミッド型のセミナー館、羽を広げたような屋根をもつ講堂、あるいは、ゴロンとした台形の小住宅ヴィラ・クゥクゥ、Y字型のプランを組み合わせた呉羽中学校など、そのユニークな形にもかかわらず、有無をいわせず納得させられてしまうのだ。なぜだろう。

それは、《形への信頼》といってもよいくらい、吉阪の建築には、最終的な形そのものがもつ説得力を増大させようとする意志と、そのために注がれた膨大なエネルギーが満ちあふれている、からではないだろうか。彼はこう述べている。

「われわれにとって、〈求めているものはこれだ！〉ときめつけることのできるのはいつも形そのものである。建築というものは、最終的には形象として解答されるものである。（中略）その形象がある秩序をとらえていて巧みにそれを表現しているとき、人々はそれに感動する」。

理屈ではない、それ以前に、身体が捕らわれてしまう形の強さを見つけること、そこに吉阪は賭けているのだ。それは、思わず座りたくなる椅子、手に取りたくなる器、といったものがあるように、もっとも言葉にしにくい、形のもつ人を引きつける不思議さへの気づきから、自覚的に始められたことなのだろう。気まぐれに思いついた造形とはほど遠い性格のものだと思う。そこには、ルールを決めたゲーム、ある形が必然性をもち得るためのアイデアを、いつも具体的な形として提案をし合う、という方法が採られていたのであり、だからこそ、説得力のある強い形が生まれたに違いない。

ディテールの力

こうした空間や形の強さを、その根元のところで支えているが、吉阪建築に独特なディテール群の存在だ。階段の手すり、扉の押引き手、外装のタイルから家具やサインに至るまで、建築を構成するあらゆる要素が、実にていねいにデザインされている。実際に、残された図面を見て驚かされるのも、その膨大な量にのぼるディテール図の存在である。あたかも、空間の骨組みを決定する一般図と、ディテール図のたった2種類の図面から、吉阪の建築の大半は形作られている、と思えるほど、この両極に位置する大小スケールの図面枚数は圧倒的だ。彼の建築がもつ確かな実在感は、こうしたディテール図の集積から生み出されたものなのだろう。そこにあるのは、知恵と工夫のこされた、徹底した具体性のディテール、原寸のリアリズムである。けれども、その造形は、どこかユーモアがあって、人をひきつけてやまない。

例えば、江津市庁舎の鉄筋棒を木型に巻きつけながら点溶接して作られた議場扉の押引き手、地元で得られる石州瓦を散らした床や壁、日仏会館のFとJのイニシャルを組み合わせた外装タイル、そして、さまざまな建物に繰り返し現れるふっくらとした木製の手摺りや開口部まわりの数々の納まり等など。そのどれもが、建築のある一部分というレベルを越えて、それぞれの次元で、実にいきいきと息づいて見える。それらは、すべて、人がじかに手に触れ、目に最も近いところにあるものであり、そのことを大切にする姿勢から、作り出されたのだろう。

けれども、それ以上に、そこから伺えるのは、モノを作るプロセスを自らの手の中につかんでいれば、仮に安価な素材でも、上手に用いることによって、単純で美しいものを生み出すことができる、という確信であり、その過程自体を、誰よりも自ら楽しんでしまおうとする作り手としての大らかさではないだろうか。そのことが、見る人、使う人に、自然とある親しみとして伝わるのだと思う。

そして、建築をつくること

それにしても、吉阪のけんちくは、その特異な形から、わけのわからないものと見られがちだ。また、その風貌や行動からも、余人には想像もつかない特別な人間だと理解されることも多かったに違いない。けれども、残された彼の言葉を通して見るとき、次第に浮かび上がってくるのは、どこまでも理性的に建築をとらえようとする透明な精神ではないだろうか。そのことは、次のような言葉からも伝わってくる。

「とことんまで法則を探り、真理を求めて、その理に合致しようというのが合理ということであるなら、私はやはりそのみちを歩まねばならぬと思う。人生はそんなに簡単に割り切れるものではなく、やはり非合理を認めなければならない場合があるという教え方に、私は反対する。それはとことんまで法則を探求する努力を怠情にも捨てた言葉だからだ。[*4]」

ここには、自ら手にした方法の意味を見極めなが

ら、それをいかにしたら誰もが共有できるものへ変換していけるのか、という決意のようなものが感じられる。彼が提唱した、「有形学」に込められていたのも、建築にとどまらず、この世の人工物と人間との関係性を冷静に見定める努力を通じてこそ、初めて共有可能な方法が生まれる、との思いであったのではなかろうか。また、吉阪のよきパートナー、大竹十一の、「唯の一枚も図面を描いたことのない建築家」との証言もあるように、彼があえて共同設計というスタイルにこだわり、その傍らで、さまざまな言葉を数多く綴り続けようとしたのも、近代の抱えるジレンマ、すなわち、すべての生活環境を意識的に生み出していかなければならないことの不自由さと無謀さを自覚し、作家主義や造形主義的な奢りから逃れて、いかにしたら、建築がある自明性や匿名性へとたどりつけるのかという問題意識のなせる結果だったのだと思う。彼は作風を作り出すことよりも、自分の考え方を広めること、伝えることを重要視したのである。

そして、そうした意識を支えていたのは、いつも吉阪の根底にあった、人の営みと建てることとの間に生まれる日常の風景への慈しみの眼差しだったのではないだろうか。

吉阪の見つめていたものを理解するには、辺境の地を訪れるのが良いのかもしれない。過酷な自然の中に暮らす人々とそこに建つ小さな建物、そこには、大自然の中の人間の卑小なまでの小ささ、と、にもかかわ

らず健気に生きようとする偉大さ、そして、人はなぜ建てるのか、ということの核心に触れる風景の厳然さが感じられる。そこに、彼は、建築を建てることの根源的な素晴らしさ、すなわち、建築とは人の営みをその大元のところでしっかりと支える存在だ、ということの意味を見つめていたのではないだろうか。

吉阪の建築と彼のまなざしが、現代に対する鋭い批評性をもっているのも、そこに、変わらぬ建築への確信と願いが、たくさん込められているからなのだと思う。それも、どこから始めてもいいんだよ、と対話に誘う広さを兼ね備えている。彼の愛した山のように……。忘れられた建築の意味を、そのもっともピュアな形で提示している彼の建築は、これからも、多くの問いかけと、励ましのメッセージを発し続けることだろう。

吉阪隆正展〔生活・環境・建築〕
DISCONT LIVE 002 NAGANO カタログ、1999年10月　初出

note
*1　吉阪隆正「新しい空間」『近代建築』1959年8月号
*2　『ヴェニス・ビエンナーレ・日本館』
　　『建築学体系39 鉄筋コンクリート造設計例』彰国社 1959年発行
*3　吉阪隆正『光とかげ──建築の音声』『建築』1967年9月号
*4　吉阪隆正「木造住宅の現代性？」『建築文化』1959年4月号

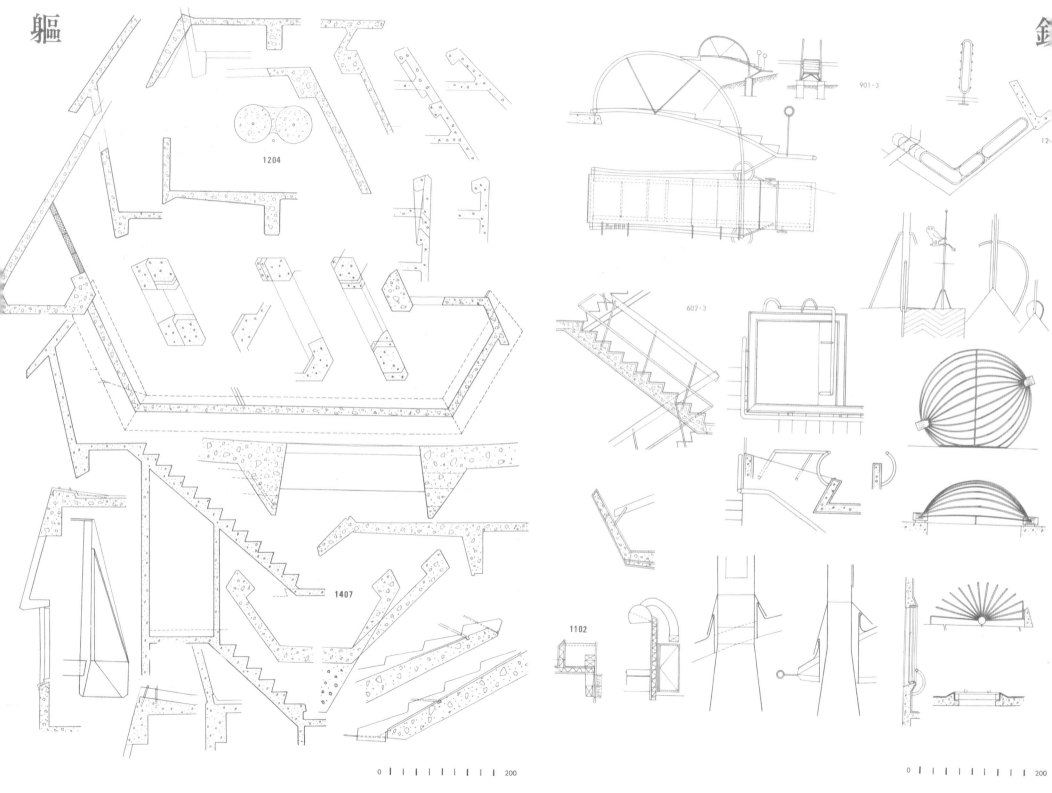

1204

901·3

602·3

1407

1102

0 | | | | | | | | 200

0 | | | | | | | | 200

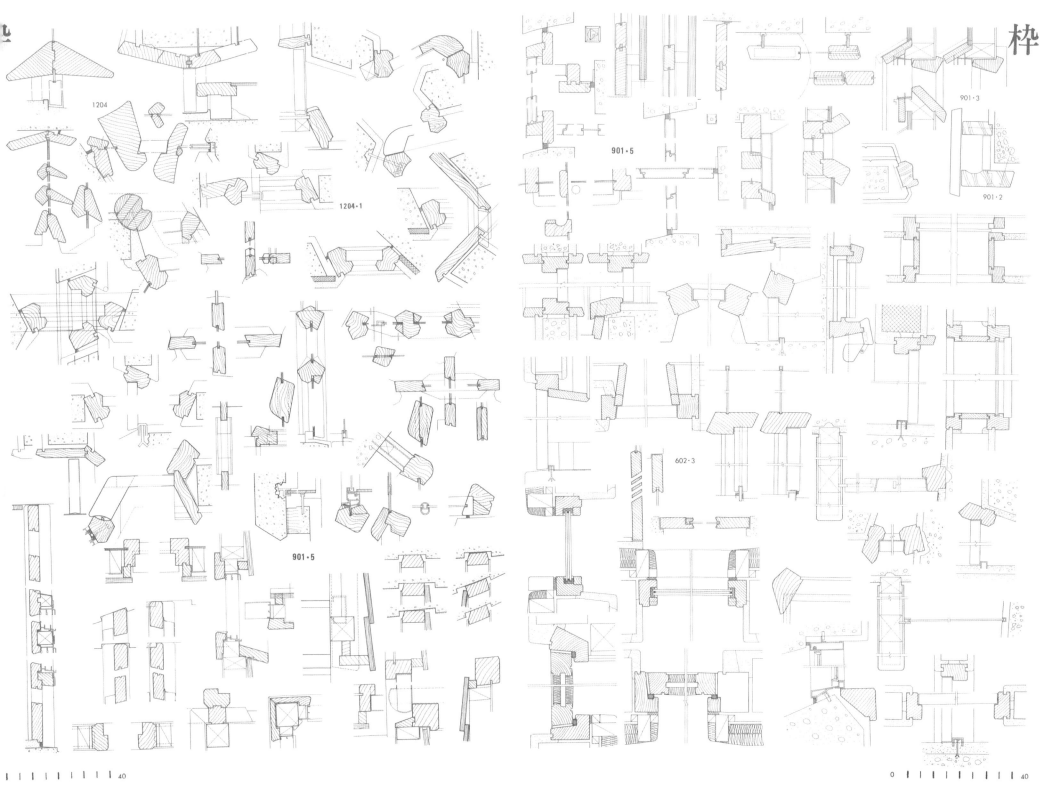

1204

1204·1

901·5

901·5

901·5

901·3

901·2

602·3

40

0   40

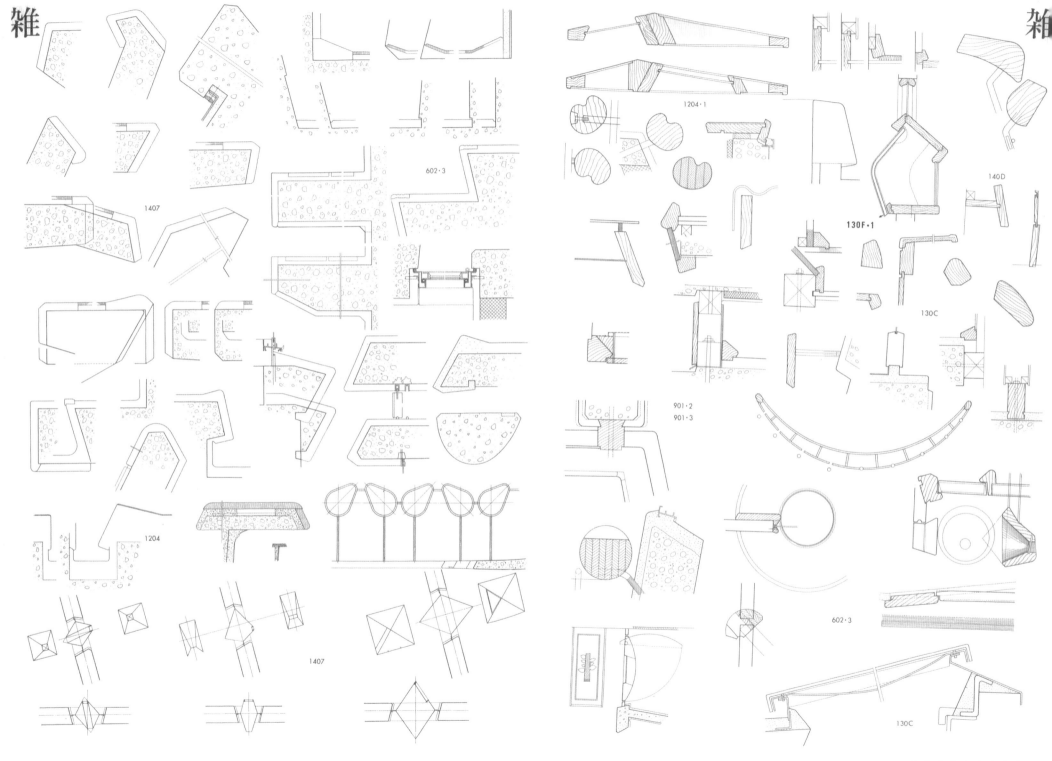

602·3

1407

1204

1407

1204·1

140D

130F·1

130C

901·2
901·3

602·3

130C

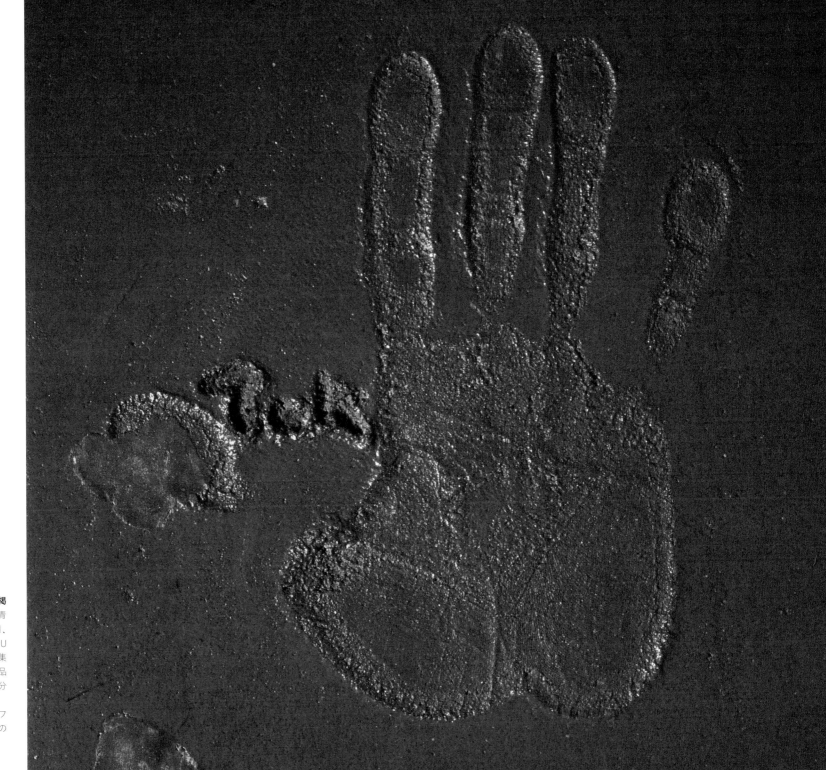

[p60~62]『建築』1971年1月に掲載したディテール集より　『建築』青銅社 1961年5月、1966年1月、1971年1月　の〈吉阪研究室、U研究室特集〉では、5年ごとに特集号で作品の紹介をしてきた、作品とあわせて躯体、枠、鉄、雑に分類して、詳細図をまとめている
[右] 浦邸／玄関ホールのレリーフに刻まれた、吉阪の手形とTakのサイン

写真クレジット

北田英治	以下をのぞく全ての写真
大竹十一	P. 40
アルキテクト事務局**	P. 16

Takamasa Yosizaka＋Atelier U ｜ Detail : From actual size to universe

吉阪隆正＋U研究室 ｜ ディテール──現寸から宇宙へ

2022年2月20日 初版第1刷発行

編著　齊藤祐子

写真　北田英治

企画・編集　Echelle‐1（下田泰也）

編集協力　Echelle‐1（瀬脇武＋松田幸美）、サイト（松島蘭）

デザイン　日向麻梨子（オフィスヒューガ）

発行人　馬場栄一

発行所　株式会社建築資料研究社
　　　　〒171-0014 東京都豊島区池袋 2-38-1 日建学院ビル 3F
　　　　TEL 03-3986-3239

印刷・製本　株式会社埼京印刷

参考図書

・『建築』青銅社 1961年5月号、1962年6月号、1971年1月号
・『コンクリートの家』実業之日本社 1971年
・『吉阪隆正集4巻 住居の形態』勁草書房 1986年
・『吉阪隆正集7巻 建築の発想』勁草書房 1986年
・『コンフォルト』建築資料研究社1997年春号
・〈DISCONT LIVE長野 1999 吉阪隆正＋U研究室 展〉1999年10月
・『建築文化 吉阪隆正 1917-1981』彰国社 1981年6月号
・『乾燥なめくじ・生い立ちの記』相模書房 1982年
・『吉阪隆正の方法』齊藤祐子著 住まいの図書館出版局 1994年
・『DISCONT 不連続統一体』丸善 1998年
・『吉阪隆正の迷宮』2004 吉阪隆正展実行委員会編・TOTO出版 2005年
・『好きなことはやらずにはいられない──吉阪隆正との対話』建築技術 2015年
・『大学セミナー・ハウス』建築資料研究社 2016年
・『ヴェネチア・ビエンナーレ日本館』建築資料研究社 2017年
・『実験住居』建築資料研究社 2019年
・『葉っぱは傘に──公共の場所』建築資料研究社 2021年

プロフィール

U研究室

1954年 吉阪隆正と大竹十一、城内哲彦（きうち てつひこ）、瀧澤健児（たきざわ けんじ）、松崎義徳（まつざき よしのり）の創設メンバーが、早稲田大学建築学科の校舎内で設計活動を始めたのが〈吉阪研究室〉。〈浦邸〉〈ヴィラ・クゥクゥ〉〈ヴェネチア・ビエンナーレ日本館〉、その後、大学院生であった鈴木恂、沖田裕生、戸沼幸市が参加し〈海星学園〉〈呉羽中学校〉〈江津市庁舎〉〈アテネ・フランセ〉などを設計。
1961年 吉阪自邸に移設、1964年 U研究室と法人に改組。〈大学セミナー・ハウス〉の設計も始まり、富田玲子、大竹康市、樋口裕康とアトリエのメンバーは増えていった。すべてのメンバーが設計に参加し、ディスカッションを重ねて形にむきあう組織は、吉阪の提唱する〈不連続統一体〉であった。

吉阪隆正（よしざか たかまさ 1917～1980）

1917年 東京都小石川に生まれ、スイスで幼年時代の教育を受けて育つ
1933年 ジュネーブ・エコール・アンテルナショナル卒業。
1941年 早稲田大学建築学科卒業。今和次郎に師事し、民家、農村の調査、住居学から「生活とかたち──有形学」を提唱
1950年から2年間パリのル・コルビュジエのアトリエに勤務、帰国後54年 吉阪研究室（64年にU研究室と改組）を創設
早稲田大学理工学部教授、日本建築学会長、生活学会長、日本山岳会理事など
1980年 63歳で逝去
建築家にとどまらない活動は、教育者、探検家、ヒマラヤK2をめざす登山家、文明批評家として多数の著書を著す

大竹十一（おおたけ じゅういち 1921～2005）

1921年 宮城県に生まれ、1925年から浜松で育つ
1944年 早稲田大学建築学科卒業後、佐藤聯合設計事務所、梓建築事務所に勤務
1952年に大学に戻り、武基雄の研究室で設計を手伝う
1954年に浦邸で吉阪と協働し、滝沢健児、城内哲彦、松崎義徳らと共に吉阪研究室（64年にU研究室に改設）を設立。創設メンバーとして、実作に大きな貢献を果たした。生涯、吉阪の名パートナーであり続けた

松隈 洋（まつくま ひろし）

1957年 兵庫県生まれ、1980年 京都大学工学部建築学科卒業後、前川國男建築設計事務所に入所
2000年 京都工芸繊維大学助教授、2008年 同教授、専門は近代建築史、建築設計論

工学博士（東京大学）
DOCOMOMO Japan代表（2013～18年）、文化庁国立近現代建築資料館運営委員（2013～20年）、「生誕100年・前川國男展」のほか、多くの建築展企画に携わる
著書に『建築の前夜 前川國男論』（2019年日本建築学会論文賞）、『ル・コルビュジエから遠く離れて』、『坂倉準三とはだれか』ほか多数

北田英治（きただ えいじ）

1950年 鳥取県生まれ、神奈川県川崎市で育つ
1970年 東京写真短期大学（現東京工芸大学）技術科卒業
建築雑誌等を活動の場としながら、1980年代から東アジアの都市やタイ北部の山岳移動少数民族、そしてチベット高原へと人の暮らしの場所を訪ねてきた。
書籍は『サレジオ』『ル・コルビュジエのインド』『別冊太陽・世界遺産石見銀山』『ペーハ小屋』『DISCONT: 不連続統一体』『吉阪隆正の迷宮』『象設計集団:空間に恋して』など。写真展「精霊の杜・アカ族の──いとなみ」「フォトインベントリー・東アジア」「エッジを歩く・東チベット紀行」など多数。夏目坂写真塾塾長、「ぐるぐるつくる大学セミナー・ハウスWORK CAMP」実行委員、「甲馬サロン」実行委員。

齊藤祐子（さいとう ゆうこ）

1954年 埼玉県生まれ
1977年 早稲田大学理工学部建築学科卒業後、U研究室入室、〈大学セミナー・ハウス、国際セミナー館〉屋根の絵、農村公園、住宅などを担当する
1984年 七月工房、1989年 空間工房101を共同で設立
1995年 サイト 一級建築士事務所代表
住居を原点に設計活動を続けている。作品に益子・塵庵、グループホームあおぞら、東中野PAO、大学セミナー・ハウス やまゆりほか住宅多数。東チベット高原の小学校建設の活動など。著書に『吉阪隆正の方法・浦邸1956』『建築のしくみ』『集まって住む終の住処』ほか。「ぐるぐるつくる大学セミナー・ハウス」実行委員。「アルキテクト」事務局として、吉阪隆正の関連書籍の編集、展覧会の企画協力などの活動をおこなう。

アルキテクト事務局／吉阪隆正＋U研究室 アーカイブ
サイト 一級建築士事務所内
東京都中野区東中野 2-25-6-701 〒164-0003
TEL、FAX：03-3371-2433　http://aasite.web9.jp/